Colección de guías de conversación
"¡Todo irá bien!"

T&P Books P...

M000199107

GUÍA DE CONVERSACIÓN

COREANO

LAS PALABRAS Y LAS FRASES MÁS ÚTILES

Esta Guía de Conversación contiene las frases y las preguntas más comunes necesitadas para una comunicación básica con extranjeros

Andrey Taranov

Guía de conversación + diccionario de 1500 palabras

Guía de conversación Español-Coreano y diccionario conciso de 1500 palabras

por Andrey Taranov

La colección de guías de conversación para viajar "Todo irá bien" publicada por T&P Books está diseñada para personas que viajan al extranjero para turismo y negocios. Las guías contienen lo más importante - los elementos esenciales para una comunicación básica. Éste es un conjunto de frases imprescindibles para "sobrevivir" mientras está en el extranjero.

Una otra sección del libro también ofrece un pequeño diccionario con más de 1.500 palabras útiles. El diccionario incluye muchos términos gastronómicos y será de gran ayuda para pedir los alimentos en un restaurante o comprando comestibles en la tienda.

T&P Books Publishing
www.tpbooks.com

ISBN: 978-1-78616-904-4

Este libro está disponible en formato electrónico o de E-Book también.
Visite www.tpbooks.com o las librerías electrónicas más destacadas en la Red.

PREFACIO

La colección de guías de conversación para viajar "Todo irá bien" publicada por T&P Books está diseñada para personas que viajan al extranjero para turismo y negocios. Las guías contienen lo más importante - los elementos esenciales para una comunicación básica.Éste es un conjunto de frases imprescindibles para "sobrevivir" mientras está en el extranjero.

Esta guía de conversación le ayudará en la mayoría de los casos donde usted necesite pedir algo, conseguir direcciones, saber cuánto cuesta algo, etc. Puede también resolver situaciones difíciles de la comunicación donde los gestos no pueden ayudar.

Este libro contiene muchas frases que han sido agrupadas según los temas más relevantes. Una sección separada del libro también ofrece un pequeño diccionario con más de 1.500 palabras importantes y útiles.

Llévese la guía de conversación "Todo irá bien" en el camino y tendrá una insustituible compañera de viaje que le ayudará a salir de cualquier situación y le enseñará a no temer hablar con extranjeros.

TABLA DE CONTENIDOS

T&P Books Publishing

PRONUNCIACIÓN

La letra	Ejemplo coreano	T&P alfabeto fonético	Ejemplo español

Las consonantes

La letra	Ejemplo coreano	T&P alfabeto fonético	Ejemplo español
ㄱ 1	개	[k]	charco
ㄱ 2	아기	[g]	jugada
ㄲ	껌	[k]	[k] tensa
ㄴ	눈	[n]	número
ㄷ 3	달	[t]	torre
ㄷ 4	사다리	[d]	desierto
ㄸ	딸	[t]	[t] tensa
ㄹ 5	라디오	[r]	era, alfombra
ㄹ 6	십팔	[l]	lira
ㅁ	문	[m]	nombre
ㅂ 7	봄	[p]	precio
ㅂ 8	아버지	[b]	en barco
ㅃ	빵	[p]	[p] tensa
ㅅ 9	실	[s]	salva
ㅅ 10	옷	[t]	torre
ㅆ	쌀	[ja:]	cambiar
ㅇ 11	강	[ŋg]	gong
ㅈ 12	집	[tɕ]	archivo
ㅈ 13	아주	[dʑ]	tadzhik
ㅉ	짬	[tɕ]	[tch] tenso
ㅊ	차	[tɕʰ]	[tsch] aspirado
ㅌ	택시	[tʰ]	[t] aspirada
ㅋ	칼	[kʰ]	[k] aspirada
ㅍ	포도	[pʰ]	[p] aspirada
ㅎ	한국	[h]	registro

La letra	Ejemplo coreano	T&P alfabeto fonético	Ejemplo español

Las vocales y las combinaciones con vocales

La letra	Ejemplo coreano	T&P alfabeto fonético	Ejemplo español
ㅏ	사	[a]	radio
ㅑ	향	[ja]	araña
ㅓ	머리	[ʌ]	¡Basta!
ㅕ	병	[jɑ]	ensayar
ㅗ	곰	[o]	bordado
ㅛ	표	[jɔ]	yogur
ㅜ	물	[u]	mundo
ㅠ	슈퍼	[ju]	ciudad
ㅡ	음악	[ɪ]	abismo
ㅣ	길	[i], [iː]	tranquilo
ㅐ	뱀	[ɛ], [ɛː]	buceo
ㅒ	애기	[je]	miércoles
ㅔ	펜	[e]	verano
ㅖ	계산	[je]	miércoles
ㅘ	왕	[wa]	aduanero
ㅙ	왜	[ʊə]	huerta
ㅚ	회의	[ø], [we]	alemán Hölle, inglés - web
ㅝ	권	[uɔ]	antiguo
ㅞ	웬	[ʊə]	huerta
ㅟ	쥐	[wi]	kiwi
ㅢ	거의	[ɯi]	combinación [ɪi]

Comentarios

[1] al principio de una palabra
[2] entre sonidos sonoros
[3] al principio de una palabra
[4] entre sonidos sonoros
[5] al principio de una sílaba
[6] al final de una sílaba
[7] al principio de una palabra
[8] entre sonidos sonoros
[9] al principio de una sílaba
[10] al final de una sílaba
[11] al final de una sílaba
[12] al principio de una palabra
[13] entre sonidos sonoros

LISTA DE ABREVIATURAS

Abreviatura en español

adj	-	adjetivo
adv	-	adverbio
anim.	-	animado
conj	-	conjunción
etc.	-	etcétera
f	-	sustantivo femenino
f pl	-	femenino plural
fam.	-	uso familiar
fem.	-	femenino
form.	-	uso formal
inanim.	-	inanimado
innum.	-	innumerable
m	-	sustantivo masculino
m pl	-	masculino plural
m, f	-	masculino, femenino
masc.	-	masculino
mat	-	matemáticas
mil.	-	militar
num.	-	numerable
p.ej.	-	por ejemplo
pl	-	plural
pron	-	pronombre
sg	-	singular
v aux	-	verbo auxiliar
vi	-	verbo intransitivo
vi, vt	-	verbo intransitivo, verbo transitivo
vr	-	verbo reflexivo
vt	-	verbo transitivo

GUÍA DE
CONVERSACIÓN
COREANO

Esta sección contiene frases
importantes que pueden
resultar útiles en varias
situaciones de la vida real.
La Guía le ayudará a pedir
direcciones, aclaración
sobre precio, comprar billetes,
y pedir alimentos en un
restaurante

T&P Books Publishing

CONTENIDO DE LA GUÍA DE CONVERSACIÓN

T&P Books Publishing

Perdone, ...	실례합니다, ··· sil-lye-ham-ni-da, ...
Hola.	안녕하세요. an-nyeong-ha-se-yo.
Gracias.	감사합니다. gam-sa-ham-ni-da.
Sí.	네. ne.
No.	아니오. a-ni-o.
No lo sé.	모르겠어요. mo-reu-ge-seo-yo.
¿Dónde? | ¿A dónde? | ¿Cuándo?	어디예요? | 어디까지 가세요? | 언제요? eo-di-ye-yo? | eo-di-kka-ji ga-se-yo? | eon-je-yo?
Necesito ...	··· 필요해요. ... pi-ryo-hae-yo.
Quiero ...	··· 싶어요. ... si-peo-yo.
¿Tiene ...?	··· 있으세요? ... i-seu-se-yo?
¿Hay ... por aquí?	여기 ··· 있어요? yeo-gi ... i-seo-yo?
¿Puedo ...?	···해도 되나요? ... hae-do doe-na-yo?
..., por favor? (petición educada)	···, 부탁합니다. ..., bu-tak-am-ni-da.
Busco ...	··· 찾고 있어요. ... chat-go i-seo-yo.
el servicio	화장실 hwa-jang-sil
un cajero automático	현금인출기 hyeon-geum-in-chul-gi
una farmacia	약국 yak-guk
el hospital	병원 byeong-won
la comisaría	경찰서 gyeong-chal-seo
el metro	지하철 ji-ha-cheol

un taxi	택시 taek-si
la estación de tren	기차역 gi-cha-yeok

Me llamo …	제 이름은 … 입니다. je i-reu-meun … im-ni-da.
¿Cómo se llama?	성함이 어떻게 되세요? seong-ham-i eo-tteo-ke doe-se-yo?
¿Puede ayudarme, por favor?	도와주세요. do-wa-ju-se-yo.
Tengo un problema.	문제가 있어요. mun-je-ga i-seo-yo.
Me encuentro mal.	몸이 안 좋아요. mom-i an jo-a-yo.
¡Llame a una ambulancia!	구급차를 불러 주세요! gu-geup-cha-reul bul-leo ju-se-yo!
¿Puedo llamar, por favor?	전화를 써도 되나요? jeon-hwa-reul sseo-do doe-na-yo?

Lo siento.	죄송합니다. joe-song-ham-ni-da.
De nada.	천만에요. cheon-man-e-yo.

Yo	저 jeo
tú	너 neo
él	그 geu
ella	그녀 geu-nyeo
ellos	그들 geu-deul
ellas	그들 geu-deul
nosotros /nosotras/	우리 u-ri
ustedes, vosotros	너희 neo-hui
usted	당신 dang-sin

ENTRADA	입구 ip-gu
SALIDA	출구 chul-gu
FUERA DE SERVICIO	고장 go-jang
CERRADO	닫힘 da-chim

ABIERTO	열림 yeol-lim
PARA SEÑORAS	여성용 yeo-seong-yong
PARA CABALLEROS	남성용 nam-seong-yong

Preguntas

¿Dónde?

어디예요?
eo-di-ye-yo?

¿A dónde?

어디까지 가세요?
eo-di-kka-ji ga-se-yo?

¿De dónde?

어디에서요?
eo-di-e-seo-yo?

¿Por qué?

왜요?
wae-yo?

¿Con que razón?

무슨 이유에서요?
mu-seun i-yu-e-seo-yo?

¿Cuándo?

언제요?
eon-je-yo?

¿Cuánto tiempo?

얼마나요?
eol-ma-na-yo?

¿A qué hora?

몇 시에요?
myeot si-e-yo?

¿Cuánto?

얼마예요?
eol-ma-ye-yo?

¿Tiene ...?

··· 있으세요?
... i-seu-se-yo?

¿Dónde está ...?

··· 어디 있어요?
... eo-di i-seo-yo?

¿Qué hora es?

지금 몇 시예요?
ji-geum myeot si-ye-yo?

¿Puedo llamar, por favor?

전화를 써도 되나요?
jeon-hwa-reul sseo-do doe-na-yo?

¿Quién es?

누구세요?
nu-gu-se-yo?

¿Se puede fumar aquí?

담배를 피워도 되나요?
dam-bae-reul pi-wo-do doe-na-yo?

¿Puedo ...?

··· 되나요?
... doe-na-yo?

Necesidades

Quisiera ...	··· 하고 싶어요. ... ha-go si-peo-yo.
No quiero ...	··· 하기 싫어요. ... ha-gi si-reo-yo.
Tengo sed.	목이 말라요. mo-gi mal-la-yo.
Tengo sueño.	자고 싶어요. ja-go si-peo-yo.

Quiero ...	··· 싶어요. ... si-peo-yo.
lavarme	씻고 ssit-go
cepillarme los dientes	이를 닦고 i-reul dak-go
descansar un momento	쉬고 swi-go
cambiarme de ropa	옷을 갈아입고 os-eul ga-ra-ip-go

volver al hotel	호텔로 돌아가고 ho-tel-lo do-ra-ga-go
comprar ...	··· 사고 ... sa-go
ir a ...	···에 가고 ...e ga-go
visitar ...	···에 방문하고 ...e bang-mun-ha-go
quedar con ...	··· 만나고 ... man-na-go
hacer una llamada	전화를 걸고 jeon-hwa-reul geol-go

Estoy cansado /cansada/.	저는 지쳤어요. jeo-neun ji-chyeo-seo-yo.
Estamos cansados /cansadas/.	우리는 지쳤어요. u-ri-neun ji-chyeo-seo-yo.
Tengo frío.	추워요. chu-wo-yo.
Tengo calor.	더워요. deo-wo-yo.
Estoy bien.	괜찮아요. gwaen-cha-na-yo.

Tengo que hacer una llamada.

전화를 걸어야 해요.
jeon-hwa-reul geo-reo-ya hae-yo.

Necesito ir al servicio.

화장실에 가야 해요.
hwa-jang-si-re ga-ya hae-yo.

Me tengo que ir.

가야 해요.
ga-ya hae-yo.

Me tengo que ir ahora.

지금 가야 해요.
ji-geum ga-ya hae-yo.

Preguntar por direcciones

Perdone, ...	실례합니다, ⋯ sil-lye-ham-ni-da, ...
¿Dónde está ...?	⋯ 어디 있어요? ... eo-di i-seo-yo?
¿Por dónde está ...?	⋯ 어느 쪽이예요? ... eo-neu jjo-gi-ye-yo?
¿Puede ayudarme, por favor?	도와주실 수 있어요? do-wa-ju-sil su i-seo-yo?

Busco ...	⋯ 찾고 있어요. ... chat-go i-seo-yo.
Busco la salida.	출구를 찾고 있어요. chul-gu-reul chat-go i-seo-yo.
Voy a ...	⋯에 가고 있어요. ... e ga-go i-seo-yo.
¿Voy bien por aquí para ...?	⋯에 가는데 이 길이 맞아요? ...e ga-neun-de i gi-ri ma-ja-yo?

¿Está lejos?	먼가요? meon-ga-yo?
¿Puedo llegar a pie?	걸어갈 수 있어요? geo-reo-gal su i-seo-yo?
¿Puede mostrarme en el mapa?	지도에서 보여주실 수 있어요? ji-do-e-seo bo-yeo-ju-sil su i-seo-yo?
Por favor muestreme dónde estamos.	지금 우리가 있는 곳을 보여주세요. ji-geum u-ri-ga in-neun gos-eul bo-yeo-ju-se-yo.

Aquí	여기 yeo-gi
Allí	거기 geo-gi
Por aquí	이 길 i gil

Gire a la derecha.	오른쪽으로 가세요. o-reun-jjo-geu-ro ga-se-yo.
Gire a la izquierda.	왼쪽으로 가세요. oen-jjo-geu-ro ga-se-yo.
la primera (segunda, tercera) calle	첫 번째 (두 번째, 세 번째) 골목 cheot beon-jjae (du beon-jjae, se beon-jjae) gol-mok

a la derecha
오른쪽으로
o-reun-jjo-geu-ro

a la izquierda
왼쪽으로
oen-jjo-geu-ro

Siga recto.
직진하세요.
jik-jin-ha-se-yo.

Carteles

¡BIENVENIDO!
환영!
hwa-nyeong!

ENTRADA
입구
ip-gu

SALIDA
출구
chul-gu

EMPUJAR
미세요
mi-se-yo

TIRAR
당기세요
dang-gi-se-yo

ABIERTO
열림
yeol-lim

CERRADO
닫힘
da-chim

PARA SEÑORAS
여성용
yeo-seong-yong

PARA CABALLEROS
남성용
nam-seong-yong

CABALLEROS
남성 (남)
nam-seong (nam)

SEÑORAS
여성 (여)
yeo-seong (yeo)

REBAJAS
할인
ha-rin

VENTA
세일
se-il

GRATIS
무료
mu-ryo

¡NUEVO!
신상품!
sin-sang-pum!

ATENCIÓN
주의!
ju-ui!

COMPLETO
빈 방 없음
bin bang eop-seum

RESERVADO
예약석
ye-yak-seok

ADMINISTRACIÓN
사무실
sa-mu-sil

SÓLO PERSONAL AUTORIZADO
직원 전용
ji-gwon jeo-nyong

CUIDADO CON EL PERRO	개조심! gae-jo-sim!
NO FUMAR	금연! geu-myeon!
NO TOCAR	만지지 마세요! man-ji-ji ma-se-yo!
PELIGROSO	위험 wi-heom
PELIGRO	위험 wi-heom
ALTA TENSIÓN	고압 전류 go-ap jeol-lyu
PROHIBIDO BAÑARSE	수영금지! su-yeong-geum-ji!

FUERA DE SERVICIO	고장 go-jang
INFLAMABLE	가연성 ga-yeon-seong
PROHIBIDO	금지 geum-ji
PROHIBIDO EL PASO	무단횡단 금지 mu-dan-hoeng-dan geum-ji
RECIÉN PINTADO	젖은 페인트 jeo-jeun pe-in-teu

CERRADO POR RENOVACIÓN	공사중 gong-sa-jung
EN OBRAS	전방 공사중 jeon-bang gong-sa-jung
DESVÍO	우회 도로 u-hoe do-ro

Transporte. Frases generales

el avión	비행기 bi-haeng-gi
el tren	기차 gi-cha
el bus	버스 beo-seu
el ferry	페리 pe-ri
el taxi	택시 taek-si
el coche	자동차 ja-dong-cha
el horario	시간표 si-gan-pyo
¿Dónde puedo ver el horario?	시간표는 어디서 볼 수 있어요? si-gan-pyo-neun eo-di-seo bol su i-seo-yo?
días laborables	평일 pyeong-il
fines de semana	주말 ju-mal
días festivos	휴일 hyu-il
SALIDA	출발 chul-bal
LLEGADA	도착 do-chak
RETRASADO	지연 ji-yeon
CANCELADO	취소 chwi-so
siguiente (tren, etc.)	다음 da-eum
primero	첫 번째 cheot beon-jjae
último	마지막 ma-ji-mak

¿Cuándo pasa el siguiente ...?

다음 ⋯ 언제인가요?
da-eum ... eon-je-in-ga-yo?

¿Cuándo pasa el primer ...?

첫 ⋯ 언제인가요?
cheot ... eon-je-in-ga-yo?

¿Cuándo pasa el último ...?

마지막 ⋯ 언제인가요?
ma-ji-mak ... eon-je-in-ga-yo?

---

el trasbordo (cambio de trenes, etc.)

환승
hwan-seung

hacer un trasbordo

환승하다
hwan-seung-ha-da

¿Tengo que hacer un trasbordo?

환승해야 해요?
hwan-seung-hae-ya hae-yo?

Comprar billetes

¿Dónde puedo comprar un billete?
표는 어디서 사나요?
pyo-neun eo-di-seo sa-na-yo?

el billete
표
pyo

comprar un billete
표를 사다
pyo-reul sa-da

precio del billete
표 가격
pyo ga-gyeok

¿Para dónde?
어디까지 가세요?
eo-di-kka-ji ga-se-yo?

¿A qué estación?
어느 역까지 가세요?
eo-neu yeok-kka-ji ga-se-yo?

Necesito ...
··· 필요해요.
... pi-ryo-hae-yo.

un billete
표 한 장
pyo han jang

dos billetes
표 두 장
pyo du jang

tres billetes
표 세 장
pyo se jang

sólo ida
편도
pyeon-do

ida y vuelta
왕복
wang-bok

en primera (primera clase)
일등석
il-deung-seok

en segunda (segunda clase)
이등석
i-deung-seok

hoy
오늘
o-neul

mañana
내일
nae-il

pasado mañana
모레
mo-re

por la mañana
아침에
a-chim-e

por la tarde
오후에
o-hu-e

por la noche
저녁에
jeo-nyeo-ge

asiento de pasillo

복도 좌석
bok-do jwa-seok

asiento de ventanilla

창가 좌석
chang-ga jwa-seok

¿Cuánto cuesta?

얼마예요?
eol-ma-ye-yo?

¿Puedo pagar con tarjeta?

신용카드 돼요?
si-nyong-ka-deu dwae-yo?

Autobús

el autobús	버스 beo-seu
el autobús interurbano	시외버스 si-oe-beo-seu
la parada de autobús	버스 정류장 beo-seu jeong-nyu-jang
¿Dónde está la parada de autobuses más cercana?	가까운 버스 정류장이 어디예요? ga-kka-un beo-seu jeong-nyu-jang-i eo-di-ye-yo?
número	번호 beon-ho
¿Qué autobús tengo que tomar para ...?	…에 가려면 어느 버스를 타야 해요? … e ga-ryeo-myeon eo-neu beo-seu-reul ta-ya hae-yo?
¿Este autobús va a ...?	이 버스 … 가요? i beo-seu … ga-yo?
¿Cada cuanto pasa el autobús?	버스는 얼마나 자주 와요? beo-seu-neun eol-ma-na ja-ju wa-yo?
cada 15 minutos	십오 분 마다 si-bo bun ma-da
cada media hora	삼십 분 마다 sam-sip bun ma-da
cada hora	한 시간 마다 han si-gan ma-da
varias veces al día	하루에 여러 번 ha-ru-e yeo-reo beon
… veces al día	하루에 …번 ha-ru-e …beon
el horario	시간표 si-gan-pyo
¿Dónde puedo ver el horario?	시간표는 어디서 볼 수 있어요? si-gan-pyo-neun eo-di-seo bol su i-seo-yo?
¿Cuándo pasa el siguiente autobús?	다음 버스는 언제인가요? da-eum beo-seu-neun eon-je-in-ga-yo?
¿Cuándo pasa el primer autobús?	첫 버스는 언제인가요? cheot beo-seu-neun eon-je-in-ga-yo?

¿Cuándo pasa el último autobús?

마지막 버스는
언제인가요?
ma-ji-mak beo-seu-neun
eon-je-in-ga-yo?

la parada

정류장
jeong-nyu-jang

la siguiente parada

다음 정류장
da-eum jeong-nyu-jang

la última parada

종점
jong-jeom

Pare aquí, por favor.

여기에 세워 주세요.
yeo-gi-e se-wo ju-se-yo.

Perdone, esta es mi parada.

실례합니다, 저 여기서
내려요.
sil-lye-ham-ni-da, jeo yeo-gi-seo
nae-ryeo-yo.

Tren

el tren	기차 gi-cha
el tren de cercanías	교외 전차 gyo-oe jeon-cha
el tren de larga distancia	장거리 기차 jang-geo-ri gi-cha
la estación de tren	기차역 gi-cha-yeok
Perdone, ¿dónde está la salida al anden?	실례합니다, 플랫폼으로 가는 출구가 어디인가요? sil-lye-ham-ni-da, peul-laet-po-meu-ro ga-neun chul-gu-ga eo-di-in-ga-yo?
¿Este tren va a ...?	이 기차 ⋯에 가요? i gi-cha ...e ga-yo?
el siguiente tren	다음 기차 da-eum gi-cha
¿Cuándo pasa el siguiente tren?	다음 기차는 언제인가요? da-eum gi-cha-neun eon-je-in-ga-yo?
¿Dónde puedo ver el horario?	시간표는 어디서 볼 수 있어요? si-gan-pyo-neun eo-di-seo bol su i-seo-yo?
¿De qué andén?	어느 플랫폼에서 출발해요? eo-neu peul-laet-pom-e-seo chul-bal-hae-yo?
¿Cuándo llega el tren a ...?	기차가 ⋯에 언제 도착해요? gi-cha-ga ...e eon-je do-chak-ae-yo?
Ayudeme, por favor.	도와주세요. do-wa-ju-se-yo.
Busco mi asiento.	제 좌석을 찾고 있어요. je jwa-seo-geul chat-go i-seo-yo.
Buscamos nuestros asientos.	우리 좌석을 찾고 있어요. u-ri jwa-seo-geul chat-go i-seo-yo.
Mi asiento está ocupado.	제 좌석에 다른 사람이 있어요. je jwa-seo-ge da-reun sa-ram-i i-seo-yo.
Nuestros asientos están ocupados.	우리 좌석에 다른 사람이 있어요. u-ri jwa-seo-ge da-reun sa-ram-i i-seo-yo.

Perdone, pero ese es mi asiento.

죄송하지만 여긴 제
좌석이예요.
joe-song-ha-ji-man nyeo-gin je
jwa-seo-gi-ye-yo.

¿Está libre?

이 좌석 비었나요?
i jwa-seok bi-eon-na-yo?

¿Puedo sentarme aquí?

여기 앉아도 되나요?
yeo-gi an-ja-do doe-na-yo?

En el tren. Diálogo (Sin billete)

Su billete, por favor.	표 보여주세요. pyo bo-yeo-ju-se-yo.
No tengo billete.	표가 없어요. pyo-ga eop-seo-yo.
He perdido mi billete.	표를 잃어버렸어요. pyo-reul ri-reo-beo-ryeo-seo-yo.
He olvidado mi billete en casa.	표를 집에 두고 왔어요. pyo-reul ji-be du-go wa-seo-yo.

Le puedo vender un billete.	저한테 표를 사실 수 있어요. jeo-han-te pyo-reul sa-sil su i-seo-yo.
También deberá pagar una multa.	벌금도 내셔야 해요. beol-geum-do nae-syeo-ya hae-yo.
Vale.	알았어요. a-ra-seo-yo.
¿A dónde va usted?	어디까지 가세요? eo-di-kka-ji ga-se-yo?
Voy a ...	···에 가고 있어요. ... e ga-go i-seo-yo.

¿Cuánto es? No lo entiendo.	얼마예요? 못 알아들었어요. eol-ma-ye-yo? mot a-ra-deu-reo-seo-yo.
Escríbalo, por favor.	적어 주세요. jeo-geo ju-se-yo.
Vale. ¿Puedo pagar con tarjeta?	알았어요. 신용카드 돼요? a-ra-seo-yo. si-nyong-ka-deu dwae-yo?
Sí, puede.	네, 돼요. ne, dwae-yo.

Aquí está su recibo.	영수증 여기 있어요. yeong-su-jeung yeo-gi i-seo-yo.
Disculpe por la multa.	벌금을 내게 되어서 유감이예요. beol-geu-meul lae-ge doe-eo-seo yu-gam-i-ye-yo.
No pasa nada. Fue culpa mía.	괜찮아요. 제 잘못이예요. gwaen-cha-na-yo. je jal-mo-si-ye-yo.
Disfrute su viaje.	즐거운 여행 되세요. jeul-geo-un nyeo-haeng doe-se-yo.

Taxi

taxi	택시 taek-si
taxista	택시 운전사 taek-si un-jeon-sa
coger un taxi	택시를 잡다 taek-si-reul jap-da
parada de taxis	택시 정류장 taek-si jeong-nyu-jang
¿Dónde puedo coger un taxi?	어디서 택시를 탈 수 있어요? eo-di-seo taek-si-reul tal su i-seo-yo?
llamar a un taxi	택시를 부르다. taek-si-reul bu-reu-da.
Necesito un taxi.	택시가 필요해요. taek-si-ga pi-ryo-hae-yo.
Ahora mismo.	지금 당장. ji-geum dang-jang.
¿Cuál es su dirección?	주소가 어디예요? ju-so-ga eo-di-ye-yo?
Mi dirección es …	제 주소는 …예요. je ju-so-neun …ye-yo.
¿Cuál es el destino?	목적지가 어디예요? mok-jeok-ji-ga eo-di-ye-yo?
Perdone, …	실례합니다, … sil-lye-ham-ni-da, …
¿Está libre?	타도 돼요? ta-do dwae-yo?
¿Cuánto cuesta ir a …?	…까지 얼마예요? …kka-ji eol-ma-ye-yo?
¿Sabe usted dónde está?	여기가 어딘지 아세요? yeo-gi-ga eo-din-ji a-se-yo?
Al aeropuerto, por favor.	공항까지 가 주세요. gong-hang-kka-ji ga ju-se-yo.
Pare aquí, por favor.	여기에 세워 주세요. yeo-gi-e se-wo ju-se-yo.
No es aquí.	여기가 아니에요. yeo-gi-ga a-ni-ye-yo.
La dirección no es correcta.	잘못된 주소예요. jal-mot-doen ju-so-ye-yo.

Gire a la izquierda.
왼쪽으로 가세요.
oen-jjo-geu-ro ga-se-yo.

Gire a la derecha.
오른쪽으로 가세요.
o-reun-jjo-geu-ro ga-se-yo.

¿Cuánto le debo?
얼마 내야 해요?
eol-ma nae-ya hae-yo?

¿Me da un recibo, por favor?
영수증 주세요.
yeong-su-jeung ju-se-yo.

Quédese con el cambio.
잔돈은 가지세요.
jan-do-neun ga-ji-se-yo.

Espéreme, por favor.
기다려 주시겠어요?
gi-da-ryeo ju-si-ge-seo-yo?

cinco minutos
오분
o-bun

diez minutos
십분
sip-bun

quince minutos
십오 분
si-bo bun

veinte minutos
이십분
i-sip-bun

media hora
삼십분
sam-sip bun

Hotel

Hola.	안녕하세요. an-nyeong-ha-se-yo.
Me llamo ...	제 이름은 ··· 입니다. je i-reu-meun ... im-ni-da.
Tengo una reserva.	예약했어요. ye-yak-ae-seo-yo.
Necesito ...	··· 필요해요. ... pi-ryo-hae-yo.
una habitación individual	싱글 룸 하나 sing-geul lum ha-na
una habitación doble	더블 룸 하나 deo-beul lum ha-na
¿Cuánto cuesta?	저건 얼마예요? jeo-geon eol-ma-ye-yo?
Es un poco caro.	그건 조금 비싸요. geu-geon jo-geum bi-ssa-yo.
¿Tiene alguna más?	다른 옵션 있어요? da-reun op-syeon i-seo-yo?
Me quedo.	그걸로 할게요. geu-geol-lo hal-ge-yo.
Pagaré en efectivo.	현금으로 낼게요. hyeon-geu-meu-ro nael-ge-yo.
Tengo un problema.	문제가 있어요. mun-je-ga i-seo-yo
Mi ... no funciona.	제 ··· 망가졌어요. je ... mang-ga-jyeo-seo-yo.
Mi ... está fuera de servicio.	제 ··· 고장났어요. je ... go-jang-na-seo-yo.
televisión	텔레비전 tel-le-bi-jeon
aire acondicionado	에어컨 e-eo-keon
grifo	수도꼭지 su-do-kkok-ji
ducha	샤워기 sya-wo-gi
lavabo	세면대 se-myeon-dae
caja fuerte	금고 geum-go

cerradura	도어락 do-eo-rak
enchufe	콘센트 kon-sen-teu
secador de pelo	헤어 드라이어 he-eo deu-ra-i-eo

No tengo ...	··· 안 나와요. ... an na-wa-yo.
agua	물 mul
luz	전등 jeon-deung
electricidad	전기 jeon-gi

¿Me puede dar ...?	··· 주실 수 있어요? ... ju-sil su i-seo-yo?
una toalla	수건 su-geon
una sábana	담요 da-myo
unas chanclas	슬리퍼 seul-li-peo
un albornoz	가운 ga-un
un champú	샴푸 syam-pu
jabón	비누 bi-nu

Quisiera cambiar de habitación.	방을 바꾸고 싶어요. bang-eul ba-kku-go si-peo-yo.
No puedo encontrar mi llave.	열쇠를 못 찾겠어요. yeol-soe-reul mot chat-ge-seo-yo.
Por favor abra mi habitación.	제 방 문을 열어주실 수 있어요? je bang mu-neul ryeo-reo-ju-sil su i-seo-yo?
¿Quién es?	누구세요? nu-gu-se-yo?
¡Entre!	들어오세요! deu-reo-o-se-yo!
¡Un momento!	잠깐만요! jam-kkan-ma-nyo!
Ahora no, por favor.	지금 당장은 안돼요. ji-geum dang-jang-eun an-dwae-yo.

Venga a mi habitación, por favor.	제 방으로 와 주세요. je bang-eu-ro wa ju-se-yo.
Quisiera hacer un pedido.	룸서비스를 받고 싶어요. rum-seo-bi-seu-reul bat-go si-peo-yo.

Mi número de habitación es ...

제 방 번호는 …예요.
je bang beon-ho-neun …ye-yo.

Me voy ...

저는 …에 떠나요.
jeo-neun … e tteo-na-yo.

Nos vamos ...

우리는 …에 떠나요.
u-ri-neun …e tteo-na-yo.

Ahora mismo

지금 당장
ji-geum dang-jang

esta tarde

오늘 오후
o-neul ro-hu

esta noche

오늘밤
o-neul-bam

mañana

내일
nae-il

mañana por la mañana

내일 아침
nae-il ra-chim

mañana por la noche

내일 저녁
nae-il jeo-nyeok

pasado mañana

모레
mo-re

Quisiera pagar la cuenta.

계산하고 싶어요.
gye-san-ha-go si-peo-yo.

Todo ha estado estupendo.

전부 다 아주 좋았어요.
jeon-bu da a-ju jo-a-seo-yo.

¿Dónde puedo coger un taxi?

어디서 택시를 탈 수 있어요?
eo-di-seo taek-si-reul tal su i-seo-yo?

¿Puede llamarme un taxi, por favor?

택시 불러주실 수 있어요?
taek-si bul-leo-ju-sil su i-seo-yo?

Restaurante

¿Puedo ver el menú, por favor?	메뉴판 볼 수 있어요? me-nyu-pan bol su i-seo-yo?
Mesa para uno.	한 명이요. han myeong-i-yo.
Somos dos (tres, cuatro).	두 (세, 네) 명이요. du (se, ne) myeong-i-yo.

Para fumadores	흡연 heu-byeon
Para no fumadores	금연 geu-myeon
¡Por favor! (llamar al camarero)	저기요! jeo-gi-yo!
la carta	메뉴판 me-nyu-pan
la carta de vinos	와인 리스트 wa-in li-seu-teu
La carta, por favor.	메뉴판 주세요. me-nyu-pan ju-se-yo.

¿Está listo para pedir?	주문하시겠어요? ju-mun-ha-si-ge-seo-yo?
¿Qué quieren pedir?	어떤 걸로 하시겠어요? eo-tteon geol-lo ha-si-ge-seo-yo?
Yo quiero …	저는 … 할게요. jeo-neun … hal-ge-yo.

Soy vegetariano.	저는 채식주의자예요. jeo-neun chae-sik-ju-ui-ja-ye-yo.
carne	고기 go-gi
pescado	생선 saeng-seon
verduras	채소 chae-so
¿Tiene platos para vegetarianos?	채식 메뉴 있어요? chae-sik me-nyu i-seo-yo?
No como cerdo.	돼지고기 못 먹어요. dwae-ji-go-gi mot meo-geo-yo.
Él /Ella/ no come carne.	그는 /그녀는/ 고기 못 드세요. geu-neun /geu-nyeo-neun/ go-gi mot deu-se-yo.

Soy alérgico a ...

저 …에 알러지 있어요.
jeo …e al-leo-ji i-seo-yo.

¿Me puede traer ..., por favor?

… 가져다 주시겠어요?
… ga-jyeo-da ju-si-ge-seo-yo?

sal | pimienta | azúcar

소금 | 후추 | 설탕
so-geum | hu-chu | seol-tang

café | té | postre

커피 | 차 | 디저트
keo-pi | cha | di-jeo-teu

agua | con gas | sin gas

물 | 탄산수 | 생수
mul | tan-san-su | saeng-su

una cuchara | un tenedor | un cuchillo

숟가락 | 포크 | 나이프
sut-ga-rak | po-keu | na-i-peu

un plato | una servilleta

앞접시 | 휴지
ap-jeop-si | hyu-ji

¡Buen provecho!

맛있게 드세요!
man-nit-ge deu-se-yo!

Uno más, por favor.

하나 더 주세요.
ha-na deo ju-se-yo.

Estaba delicioso.

아주 맛있었어요.
a-ju man-ni-seo-seo-yo.

---

la cuenta | el cambio | la propina

계산서 | 거스름돈 | 팁
gye-san-seo | geo-seu-reum-don | tip

La cuenta, por favor.

계산서 주세요.
gye-san-seo ju-se-yo.

¿Puedo pagar con tarjeta?

신용카드 돼요?
si-nyong-ka-deu dwae-yo?

Perdone, aquí hay un error.

죄송한데 여기
잘못됐어요.
joe-song-han-de yeo-gi
jal-mot-dwae-seo-yo.

De Compras

¿Puedo ayudarle?	도와드릴까요? do-wa-deu-ril-kka-yo?
¿Tiene ...?	··· 있으세요? ... i-seu-se-yo?
Busco ...	··· 찾고 있어요. ... chat-go i-seo-yo.
Necesito ...	··· 필요해요. ... pi-ryo-hae-yo.

Sólo estoy mirando.	그냥 구경중이예요. geu-nyang gu-gyeong-jung-i-ye-yo.
Sólo estamos mirando.	우리 그냥 구경중이예요. u-ri geu-nyang gu-gyeong-jung-i-ye-yo.
Volveré más tarde.	나중에 다시 올게요. na-jung-e da-si ol-ge-yo.
Volveremos más tarde.	우리 나중에 다시 올게요. u-ri na-jung-e da-si ol-ge-yo.
descuentos | oferta	할인 | 세일 ha-rin | se-il

Por favor, enséñeme ...	··· 보여주세요. ... bo-yeo-ju-se-yo.
¿Me puede dar ..., por favor?	··· 주세요. ... ju-se-yo.
¿Puedo probarmelo?	입어봐도 돼요? i-beo-bwa-do dwae-yo?
Perdone, ¿dónde están los probadores?	실례합니다, 피팅 룸 어디 있어요? sil-lye-ham-ni-da, pi-ting num eo-di i-seo-yo?
¿Qué color le gustaría?	다른 색도 있어요? da-reun saek-do i-seo-yo?
la talla | el largo	사이즈 | 길이 sa-i-jeu | gi-ri
¿Cómo le queda? (¿Está bien?)	이거 저한테 맞아요? i-geo jeo-han-te ma-ja-yo?

¿Cuánto cuesta esto?	얼마예요? eol-ma-ye-yo?
Es muy caro.	너무 비싸요. neo-mu bi-ssa-yo.
Me lo llevo.	그걸로 할게요. geu-geol-lo hal-ge-yo.

Perdone, ¿dónde está la caja?

실례합니다, 계산 어디서
해요?
sil-lye-ham-ni-da, gye-san eo-di-seo
hae-yo?

¿Pagará en efectivo o con tarjeta?

현금으로 하시겠어요
카드로 하시겠어요?
hyeon-geu-meu-ro ha-si-ge-seo-yo
ka-deu-ro ha-si-ge-seo-yo?

en efectivo | con tarjeta

현금으로요 | 카드로요
hyeon-geu-meu-ro-yo | ka-deu-ro-yo

¿Quiere el recibo?

영수증 드릴까요?
yeong-su-jeung deu-ril-kka-yo?

Sí, por favor.

네, 주세요.
ne, ju-se-yo.

No, gracias.

아니오, 괜찮아요.
a-ni-o, gwaen-cha-na-yo.

Gracias. ¡Que tenga un buen día!

감사합니다. 즐거운 하루
되세요!
gam-sa-ham-ni-da. jeul-geo-un ha-ru
doe-se-yo!

En la ciudad

Perdone, por favor.	실례합니다, 저기요. sil-lye-ham-ni-da, jeo-gi-yo.
Busco ...	... 찾고 있어요. ... chat-go i-seo-yo.
el metro	지하철 ji-ha-cheol
mi hotel	제 호텔 je ho-tel
el cine	영화관 yeong-hwa-gwan
una parada de taxis	택시 정류장 taek-si jeong-nyu-jang

un cajero automático	현금인출기 hyeon-geum-in-chul-gi
una oficina de cambio	환전소 hwan-jeon-so
un cibercafé	피씨방 pi-ssi-bang
la calle ...	...로 ...ro
este lugar	여기 yeo-gi

¿Sabe usted dónde está ...?	... 어디인지 아세요? ... eo-di-in-ji a-se-yo?
¿Cómo se llama esta calle?	여기가 어디예요? yeo-gi-ga eo-di-ye-yo?
Muestreme dónde estamos ahora.	지금 우리가 있는 곳을 보여주세요. ji-geum u-ri-ga in-neun gos-eul bo-yeo-ju-se-yo.
¿Puedo llegar a pie?	걸어갈 수 있어요? geo-reo-gal su i-seo-yo?
¿Tiene un mapa de la ciudad?	시내 지도 있어요? si-nae ji-do i-seo-yo?

¿Cuánto cuesta la entrada?	입장권 얼마예요? ip-jang-gwon eol-ma-ye-yo?
¿Se pueden hacer fotos aquí?	사진 찍어도 돼요? sa-jin jji-geo-do dwae-yo?
¿Está abierto?	열었어요? yeo-reo-seo-yo?

¿A qué hora abren?

언제 열어요?
eon-je yeo-reo-yo?

¿A qué hora cierran?

언제 닫아요?
eon-je da-da-yo?

Dinero

dinero	돈 don
efectivo	현금 hyeon-geum
billetes	지폐 ji-pye
monedas	동전 dong-jeon
la cuenta | el cambio | la propina	계산서 | 거스름돈 | 팁 gye-san-seo | geo-seu-reum-don | tip

la tarjeta de crédito	카드 ka-deu
la cartera	지갑 ji-gap
comprar	사다 sa-da
pagar	내다 nae-da
la multa	벌금 beol-geum
gratis	무료 mu-ryo

¿Dónde puedo comprar …?	… 어디서 살 수 있어요? … eo-di-seo sal su i-seo-yo?
¿Está el banco abierto ahora?	은행 지금 열었어요? eun-haeng ji-geum myeo-reo-seo-yo?
¿A qué hora abre?	언제 열어요? eon-je yeo-reo-yo?
¿A qué hora cierra?	언제 닫아요? eon-je da-da-yo?

¿Cuánto cuesta?	얼마예요? eol-ma-ye-yo?
¿Cuánto cuesta esto?	이건 얼마예요? i-geon eol-ma-ye-yo?
Es muy caro.	너무 비싸요. neo-mu bi-ssa-yo.
Perdone, ¿dónde está la caja?	실례합니다, 계산 어디서 해요? sil-lye-ham-ni-da, gye-san eo-di-seo hae-yo?

La cuenta, por favor.

계산서 주세요.
gye-san-seo ju-se-yo.

¿Puedo pagar con tarjeta?

신용카드 돼요?
si-nyong-ka-deu dwae-yo?

¿Hay un cajero por aquí?

여기 현금인출기 있어요?
yeo-gi hyeon-geum-in-chul-gi i-seo-yo?

Busco un cajero automático.

현금 인출기를 찾고
있어요.
hyeon-geum in-chul-gi-reul chat-go
i-seo-yo.

Busco una oficina de cambio.

환전소 찾고 있어요.
hwan-jeon-so chat-go i-seo-yo.

Quisiera cambiar ...

··· 환전하고 싶어요.
... hwan-jeon-ha-go si-peo-yo.

¿Cuál es el tipo de cambio?

환율 얼마예요?
hwa-nyul reol-ma-ye-yo?

¿Necesita mi pasaporte?

여권 필요해요?
yeo-gwon pi-ryo-hae-yo?

Tiempo

¿Qué hora es?	지금 몇 시예요? ji-geum myeot si-ye-yo?
¿Cuándo?	언제요? eon-je-yo?
¿A qué hora?	몇 시예요? myeot si-e-yo?
ahora | luego | después de ...	지금 | 나중에 | ... 이후에 ji-geum | na-jung-e | ... i-hu-e

la una	한 시 han si
la una y cuarto	한 시 십오 분 han si si-bo bun
la una y medio	한 시 삼십 분 han si sam-sip bun
las dos menos cuarto	한 시 사십오 분 han si sa-si-bo bun

una | dos | tres	한 | 두 | 세 han | du | se
cuatro | cinco | seis	네 | 다섯 | 여섯 ne | da-seot | yeo-seot
siete | ocho | nueve	일곱 | 여덟 | 아홉 il-gop | yeo-deol | a-hop
diez | once | doce	열 | 열한 | 열두 yeol | yeol-han | yeol-du

en ...	... 안에 ... an-e
cinco minutos	오분 o-bun
diez minutos	십분 sip-bun
quince minutos	십오분 si-bo bun
veinte minutos	이십분 i-sip-bun
media hora	삼십분 sam-sip bun
una hora	한 시간 han si-gan

por la mañana	아침에 a-chim-e
por la mañana temprano	아침 일찍 a-chim il-jjik
esta mañana	오늘 아침 o-neul ra-chim
mañana por la mañana	내일 아침 nae-il ra-chim

al mediodía	한낮에 han-na-je
por la tarde	오후에 o-hu-e
por la noche	저녁에 jeo-nyeo-ge
esta noche	오늘밤 o-neul-bam

por la noche	밤에 bam-e
ayer	어제 eo-je
hoy	오늘 o-neul
mañana	내일 nae-il
pasado mañana	모레 mo-re

¿Qué día es hoy?	오늘이 무슨 요일이예요? o-neu-ri mu-seun nyo-i-ri-ye-yo?
Es ...	··· 예요. ... ye-yo.
lunes	월요일 wo-ryo-il
martes	화요일 hwa-yo-il
miércoles	수요일 su-yo-il

jueves	목요일 mo-gyo-il
viernes	금요일 geu-myo-il
sábado	토요일 to-yo-il
domingo	일요일 i-ryo-il

Saludos. Presentaciones.

Hola.	안녕하세요. an-nyeong-ha-se-yo.
Encantado /Encantada/ de conocerle.	만나서 기쁩니다. man-na-seo gi-ppeum-ni-da.
Yo también.	저도요. jeo-do-yo.
Le presento a ...	⋯ 소개합니다. ... so-gae-ham-ni-da.
Encantado.	만나서 반갑습니다. man-na-seo ban-gap-seum-ni-da.

¿Cómo está?	잘 지내셨어요? jal ji-nae-syeo-seo-yo?
Me llamo ...	제 이름은 ⋯ 입니다. je i-reu-meun ... im-ni-da.
Se llama ...	그의 이름은 ⋯ 예요. geu-ui i-reu-meun ... ye-yo.
Se llama ...	그녀의 이름은 ⋯ 예요. geu-nyeo-ui i-reu-meun ... ye-yo.
¿Cómo se llama (usted)?	성함이 어떻게 되세요? seong-ham-i eo-tteo-ke doe-se-yo?
¿Cómo se llama (él)?	그분 성함이 뭐예요? geu-bun seong-ham-i mwo-ye-yo?
¿Cómo se llama (ella)?	그분 성함이 뭐예요? geu-bun seong-ham-i mwo-ye-yo?
¿Cuál es su apellido?	성이 어떻게 되세요? seong-i eo-tteo-ke doe-se-yo?
Puede llamarme ...	⋯ 라고 불러 주세요. ... ra-go bul-leo ju-se-yo.
¿De dónde es usted?	어디서 오셨어요? eo-di-seo o-syeo-seo-yo?
Yo soy de	⋯ 에서 왔어요. ... e-seo wa-seo-yo.
¿A qué se dedica?	무슨 일 하세요? mu-seun il ha-se-yo?

¿Quién es?	이 분은 누구세요? i bu-neun nu-gu-se-yo?
¿Quién es él?	그 분은 누구세요? geu bu-neun nu-gu-se-yo?
¿Quién es ella?	그 분은 누구세요? geu bu-neun nu-gu-se-yo?
¿Quiénes son?	그 분들은 누구세요? geu bun-deu-reun nu-gu-se-yo?

Este es …
이 쪽은 … 예요.
i jjo-geun … ye-yo.

mi amigo
제 친구
je chin-gu

mi amiga
제 친구
je chin-gu

mi marido
제 남편
je nam-pyeon

mi mujer
제 아내
je a-nae

mi padre
제 아버지
je a-beo-ji

mi madre
제 어머니
je eo-meo-ni

mi hijo
제 아들
je a-deul

mi hija
제 딸
je ttal

Este es nuestro hijo.
이 쪽은 우리 아들이예요.
i jjo-geun u-ri a-deu-ri-ye-yo.

Esta es nuestra hija.
이 쪽은 우리 딸이예요.
i jjo-geun u-ri tta-ri-ye-yo.

Estos son mis hijos.
이 쪽은 제 아이들이예요.
i jjo-geun je a-i-deu-ri-ye-yo.

Estos son nuestros hijos.
이 쪽은 우리 아이들이예요.
i jjo-geun u-ri a-i-deu-ri-ye-yo.

Despedidas

¡Adiós!	안녕히 계세요! an-nyeong-hi gye-se-yo!
¡Chau!	안녕! an-nyeong!
Hasta mañana.	내일 만나요. nae-il man-na-yo.
Hasta pronto.	곧 만나요. got man-na-yo.
Te veo a las siete.	일곱 시에 만나요. il-gop si-e man-na-yo.

¡Que se diviertan!	재밌게 놀아! jae-mit-ge no-ra!
Hablamos más tarde.	나중에 봐. na-jung-e bwa.
Que tengas un buen fin de semana.	주말 잘 보내. ju-mal jal bo-nae.
Buenas noches.	안녕히 주무세요. an-nyeong-hi ju-mu-se-yo.

Es hora de irme.	갈 시간이예요. gal si-gan-i-ye-yo.
Tengo que irme.	가야 해요. ga-ya hae-yo.
Ahora vuelvo.	금방 다시 올게요. geum-bang da-si ol-ge-yo.

Es tarde.	늦었어요. neu-jeo-seo-yo.
Tengo que levantarme temprano.	일찍 일어나야 해요. il-jjik gi-reo-na-ya hae-yo.
Me voy mañana.	내일 떠나요. nae-il tteo-na-yo.
Nos vamos mañana.	우리는 내일 떠나요. u-ri-neun nae-il tteo-na-yo.

¡Que tenga un buen viaje!	즐거운 여행 되세요! jeul-geo-un nyeo-haeng doe-se-yo!
Ha sido un placer.	만나서 반가웠어요. man-na-seo ban-ga-wo-seo-yo.
Fue un placer hablar con usted.	이야기하느라 즐거웠어요. i-ya-gi-ha-neu-ra jeul-geo-wo-seo-yo.
Gracias por todo.	전부 다 감사합니다. jeon-bu da gam-sa-ham-ni-da.

Lo he pasado muy bien.

아주 즐거웠어요.
a-ju jeul-geo-wo-seo-yo.

Lo pasamos muy bien.

우리는 아주 즐거웠어요.
u-ri-neun a-ju jeul-geo-wo-seo-yo.

Fue genial.

정말 멋졌어요.
jeong-mal meot-jyeo-seo-yo.

Le voy a echar de menos.

보고 싶을 거예요.
bo-go si-peul geo-ye-yo.

Le vamos a echar de menos.

우리는 당신이 보고 싶을
거예요.
u-ri-neun dang-sin-i bo-go si-peul
geo-ye-yo.

¡Suerte!

행운을 빌어!
haeng-u-neul bi-reo!

Saludos a ...

··· 에게 안부 전해 주세요.
... e-ge an-bu jeon-hae ju-se-yo.

Idioma extranjero

No entiendo.
못 알아들었어요.
mot a-ra-deu-reo-seo-yo.

Escríbalo, por favor.
적어 주세요.
jeo-geo ju-se-yo.

¿Habla usted ...?
··· 하실 수 있어요?
... ha-sil su i-seo-yo?

Hablo un poco de ...
저는 ··· 조금 할 수 있어요.
jeo-neun ... jo-geum hal su i-seo-yo.

inglés
영어
yeong-eo

turco
터키어
teo-ki-eo

árabe
아랍어
a-ra-beo

francés
프랑스어
peu-rang-seu-eo

alemán
독일어
do-gi-reo

italiano
이탈리아어
i-tal-li-a-eo

español
스페인어
seu-pe-in-eo

portugués
포르투갈어
po-reu-tu-ga-reo

chino
중국어
jung-gu-geo

japonés
일본어
il-bon-eo

¿Puede repetirlo, por favor?
다시 한 번 말해 주세요.
da-si han beon mal-hae ju-se-yo.

Lo entiendo.
알아들었어요.
a-ra-deu-reo-seo-yo.

No entiendo.
못 알아들었어요.
mot a-ra-deu-reo-seo-yo.

Hable más despacio, por favor.
좀 더 천천히 말해
주세요.
jom deo cheon-cheon-hi mal-hae
ju-se-yo.

¿Está bien?

이거 맞아요?
i-geo ma-ja-yo?

¿Qué es esto? (¿Que significa esto?)

이게 뭐예요?
i-ge mwo-ye-yo?

Disculpas

Perdone, por favor.

실례합니다, 저기요.
sil-lye-ham-ni-da, jeo-gi-yo.

Lo siento.

죄송합니다.
joe-song-ham-ni-da.

Lo siento mucho.

정말 죄송합니다.
jeong-mal joe-song-ham-ni-da.

Perdón, fue culpa mía.

죄송해요, 제 잘못이예요.
joe-song-hae-yo, je jal-mo-si-ye-yo.

Culpa mía.

제 실수예요.
je sil-su-ye-yo.

¿Puedo ...?

···해도 되나요?
... hae-do doe-na-yo?

¿Le molesta si ...?

···해도 괜찮으세요?
...hae-do gwaen-cha-neu-se-yo?

¡No hay problema! (No pasa nada.)

괜찮아요.
gwaen-cha-na-yo.

Todo está bien.

괜찮아요.
gwaen-cha-na-yo.

No se preocupe.

걱정하지 마세요.
geok-jeong-ha-ji ma-se-yo.

Acuerdos

Sí.	네. ne.
Sí, claro.	네, 물론입니다. ne, mul-lon-im-ni-da.
Bien.	좋아요. jo-a-yo.
Muy bien.	아주 좋아요. a-ju jo-a-yo.
¡Claro que sí!	당연합니다! dang-yeon-ham-ni-da!
Estoy de acuerdo.	동의해요. dong-ui-hae-yo.
Es verdad.	정확해요. jeong-hwak-ae-yo.
Es correcto.	그게 맞아요. geu-ge ma-ja-yo.
Tiene razón.	당신이 맞아요. dang-sin-i ma-ja-yo.
No me molesta.	저는 신경 쓰지 않아요. jeo-neun sin-gyeong sseu-ji a-na-yo.
Es completamente cierto.	확실히 맞아요. hwak-sil-hi ma-ja-yo.
Es posible.	가능해요. ga-neung-hae-yo.
Es una buena idea.	좋은 생각이예요. jo-eun saeng-ga-gi-ye-yo.
No puedo decir que no.	아니라고 할 수 없어요. a-ni-ra-go hal su eop-seo-yo.
Estaré encantado /encantada/.	기쁘게 할게요. gi-ppeu-ge hal-ge-yo.
Será un placer.	기꺼이요. gi-kkeo-i-yo.

Rechazo. Expresar duda

No.	아니오. a-ni-o.
Claro que no.	절대 아니예요. jeol-dae a-ni-ye-yo.
No estoy de acuerdo.	동의할 수 없어요. dong-ui-hal su eop-seo-yo.
No lo creo.	그렇게 생각 안 해요. geu-reo-ke saeng-gak gan hae-yo.
No es verdad.	그렇지 않아요. geu-reo-chi a-na-yo.

No tiene razón.	틀렸어요. teul-lyeo-seo-yo.
Creo que no tiene razón.	틀리신 거 같아요. teul-li-sin geo ga-ta-yo.
No estoy seguro /segura/.	잘 모르겠어요. jal mo-reu-ge-seo-yo.
No es posible.	불가능해요. bul-ga-neung-hae-yo.
¡Nada de eso!	그럴 리가요! geu-reol li-ga-yo!

Justo lo contrario.	정 반대예요. jeong ban-dae-ye-yo.
Estoy en contra de ello.	저는 반대예요. jeo-neun ban-dae-ye-yo.
No me importa. (Me da igual.)	저는 신경 안 써요. jeo-neun sin-gyeong an sseo-yo.
No tengo ni idea.	모르겠어요. mo-reu-ge-seo-yo.
Dudo que sea así.	그건 아닌 것 같아요. geu-geon a-nin geot ga-ta-yo.

Lo siento, no puedo.	죄송합니다. 못 해요. joe-song-ham-ni-da. mot tae-yo.
Lo siento, no quiero.	죄송합니다. 하기 싫어요. joe-song-ham-ni-da. ha-gi si-reo-yo.
Gracias, pero no lo necesito.	감사합니다, 하지만 필요 없어요. gam-sa-ham-ni-da, ha-ji-man pi-ryo eop-seo-yo.
Ya es tarde.	좀 늦었네요. jom neu-jeon-ne-yo.

Tengo que levantarme temprano.

일찍 일어나야 해요.
il-jjik gi-reo-na-ya hae-yo.

Me encuentro mal.

몸이 안 좋아요.
mom-i an jo-a-yo.

Expresar gratitud

Gracias.   감사합니다.
gam-sa-ham-ni-da.

Muchas gracias.   대단히 감사합니다.
dae-dan-hi gam-sa-ham-ni-da.

De verdad lo aprecio.   정말로 감사히
생각해요.
jeong-mal-lo gam-sa-hi
saeng-gak-ae-yo.

Se lo agradezco.   당신에게 정말로
감사해요.
dang-sin-e-ge jeong-mal-lo
gam-sa-hae-yo.

Se lo agradecemos.   저희는 당신에게 정말로
감사해요.
jeo-hui-neun dang-sin-e-ge jeong-mal-lo
gam-sa-hae-yo.

Gracias por su tiempo.   시간 내 주셔서
감사합니다.
si-gan nae ju-syeo-seo
gam-sa-ham-ni-da.

Gracias por todo.   전부 다 감사합니다.
jeon-bu da gam-sa-ham-ni-da.

Gracias por ...   …에 대해 감사합니다.
…e dae-hae gam-sa-ham-ni-da.

su ayuda   도움
do-um

tan agradable momento   즐거운 시간
jeul-geo-un si-gan

---

una comida estupenda   훌륭한 식사
hul-lyung-han sik-sa

una velada tan agradable   만족스러운 저녁
man-jok-seu-reo-un jeo-nyeok

un día maravilloso   훌륭한 하루
hul-lyung-han ha-ru

un viaje increíble   근사한 여행
geun-sa-han nyeo-haeng

No hay de qué.   별 말씀을요.
byeol mal-sseu-meu-ryo.

De nada.   천만에요.
cheon-man-e-yo.

Siempre a su disposición.

언제든지요.
eon-je-deun-ji-yo.

Encantado /Encantada/ de ayudarle.

제가 즐거웠어요.
je-ga jeul-geo-wo-seo-yo.

No hay de qué.

됐어요.
dwae-seo-yo.

No tiene importancia.

걱정하지 마세요.
geok-jeong-ha-ji ma-se-yo.

Felicitaciones , Mejores Deseos

¡Felicidades!   축하합니다!
chuk-a-ham-ni-da!

¡Feliz Cumpleaños!   생일 축하합니다!
saeng-il chuk-a-ham-ni-da!

¡Feliz Navidad!   메리 크리스마스!
me-ri keu-ri-seu-ma-seu!

¡Feliz Año Nuevo!   새해 복 많이 받으세요!
sae-hae bok ma-ni ba-deu-se-yo!

¡Felices Pascuas!   즐거운 부활절 되세요!
jeul-geo-un bu-hwal-jeol doe-se-yo!

¡Feliz Hanukkah!   즐거운 하누카 되세요!
jeul-geo-un ha-nu-ka doe-se-yo!

Quiero brindar.   건배해요.
geon-bae-hae-yo.

¡Salud!   건배!
geon-bae!

¡Brindemos por …!   … 위하여!
… wi-ha-yeo!

¡A nuestro éxito!   성공을 위하여!
seong-gong-eul rwi-ha-yeo!

¡A su éxito!   성공을 위하여!
seong-gong-eul rwi-ha-yeo!

¡Suerte!   행운을 빌어!
haeng-u-neul bi-reo!

¡Que tenga un buen día!   좋은 하루 되세요!
jo-eun ha-ru doe-se-yo!

¡Que tenga unas buenas vacaciones!   좋은 휴일 되세요!
jo-eun hyu-il doe-se-yo!

¡Que tenga un buen viaje!   안전한 여행 되세요!
an-jeon-han nyeo-haeng doe-se-yo!

¡Espero que se recupere pronto!   빨리 나으세요!
ppal-li na-eu-se-yo!

Socializarse

¿Por qué está triste?	왜 슬퍼하세요? wae seul-peo-ha-se-yo?
¡Sonría! ¡Animese!	웃으세요! 기운 내세요! us-eu-se-yo! gi-un nae-se-yo!
¿Está libre esta noche?	오늘 밤에 시간 있으세요? o-neul bam-e si-gan i-seu-se-yo?

¿Puedo ofrecerle algo de beber?	제가 한 잔 살까요? je-ga han jan sal-kka-yo?
¿Querría bailar conmigo?	춤 추실래요? chum chu-sil-lae-yo?
Vamos a ir al cine.	영화 보러 갑시다. yeong-hwa bo-reo gap-si-da.

¿Puedo invitarle a ...?	···에 초대해도 될까요? ...e cho-dae-hae-do doel-kka-yo?
un restaurante	음식점 eum-sik-jeom
el cine	영화관 yeong-hwa-gwan
el teatro	극장 geuk-jang
dar una vuelta	산책 san-chaek

¿A qué hora?	몇 시예요? myeot si-e-yo?
esta noche	오늘밤 o-neul-bam
a las seis	여섯 시 yeo-seot si
a las siete	일곱 시 il-gop si
a las ocho	여덟 시 yeo-deol si
a las nueve	아홉 시 a-hop si

¿Le gusta este lugar?	여기가 마음에 드세요? yeo-gi-ga ma-eum-e deu-se-yo?
¿Está aquí con alguien?	누구랑 같이 왔어요? nu-gu-rang ga-chi wa-seo-yo?
Estoy con mi amigo /amiga/.	친구랑 같이 왔어요. chin-gu-rang ga-chi wa-seo-yo.

Estoy con amigos.

친구들이랑 같이 왔어요.
chin-gu-deu-ri-rang ga-chi wa-seo-yo.

No, estoy solo /sola/.

아니오, 혼자 왔어요.
a-ni-o, hon-ja wa-seo-yo.

¿Tienes novio?

남자친구 있어?
nam-ja-chin-gu i-seo?

Tengo novio.

남자친구 있어.
nam-ja-chin-gu i-seo.

¿Tienes novia?

여자친구 있어?
yeo-ja-chin-gu i-seo?

Tengo novia.

여자친구 있어.
yeo-ja-chin-gu i-seo.

¿Te puedo volver a ver?

다시 만날래?
da-si man-nal-lae?

¿Te puedo llamar?

전화해도 돼?
jeon-hwa-hae-do dwae?

Llámame.

전화해 줘.
jeon-hwa-hae jwo.

¿Cuál es tu número?

전화번호가 뭐야?
jeon-hwa-beon-ho-ga mwo-ya?

Te echo de menos.

보고싶어.
bo-go-si-peo.

¡Qué nombre tan bonito!

이름이 아름다우시네요.
i-reum-i a-reum-da-u-si-ne-yo.

Te quiero.

사랑해.
sa-rang-hae.

¿Te casarías conmigo?

결혼해 줄래?
gyeol-hon-hae jul-lae?

¡Está de broma!

장난치지 마세요!
jang-nan-chi-ji ma-se-yo!

Sólo estoy bromeando.

장난이었어요.
jang-nan-i-eo-seo-yo.

¿En serio?

진심이세요?
jin-sim-i-se-yo?

Lo digo en serio.

진심이에요.
jin-sim-i-ye-yo.

¿De verdad?

정말로요?!
jeong-mal-lo-yo?!

¡Es increíble!

믿을 수 없어요!
mi-deul su eop-seo-yo!

No le creo.

당신을 믿지 않아요.
dang-si-neul mit-ji a-na-yo.

No puedo.

그럴 수 없어요.
geu-reol su eop-seo-yo.

No lo sé.

모르겠어요.
mo-reu-ge-seo-yo.

No le entiendo.

무슨 말인지 모르겠어요.
mu-seun ma-rin-ji mo-reu-ge-seo-yo.

Váyase, por favor.

저리 가세요.
jeo-ri ga-se-yo.

¡Déjeme en paz!

혼자 있고 싶어요!
hon-ja it-go si-peo-yo!

Es inaguantable.

그를 견딜 수 없어요.
geu-reul gyeon-dil su eop-seo-yo.

¡Es un asqueroso!

당신 역겨워요!
dang-sin nyeok-gyeo-wo-yo!

¡Llamaré a la policía!

경찰을 부를 거예요!
gyeong-cha-reul bu-reul geo-ye-yo!

Compartir impresiones. Emociones

Me gusta.	마음에 들어요. ma-eum-e deu-reo-yo.
Muy lindo.	아주 좋아요. a-ju jo-a-yo.
¡Es genial!	멋져요! meot-jyeo-yo!
No está mal.	나쁘지 않아요. na-ppeu-ji a-na-yo.
No me gusta.	마음에 들지 않아요. ma-eum-e deul-ji a-na-yo.
No está bien.	좋지 않아요. jo-chi a-na-yo.
Está mal.	나빠요. na-ppa-yo.
Está muy mal.	아주 나빠요. a-ju na-ppa-yo.
¡Qué asco!	역겨워요. yeok-gyeo-wo-yo.
Estoy feliz.	저는 행복해요. jeo-neun haeng-bok-ae-yo.
Estoy contento /contenta/.	저는 만족해요. jeo-neun man-jok-ae-yo.
Estoy enamorado /enamorada/.	저는 사랑에 빠졌어요. jeo-neun sa-rang-e ppa-jyeo-seo-yo.
Estoy tranquilo.	저는 침착해요. jeo-neun chim-chak-ae-yo.
Estoy aburrido.	저는 지루해요. jeo-neun ji-ru-hae-yo.
Estoy cansado /cansada/.	저는 지쳤어요. jeo-neun ji-chyeo-seo-yo.
Estoy triste.	저는 슬퍼요. jeo-neun seul-peo-yo.
Estoy asustado.	저는 무서워요. jeo-neun mu-seo-wo-yo.
Estoy enfadado /enfadada/.	저는 화났어요. jeo-neun hwa-na-seo-yo.
Estoy preocupado /preocupada/.	저는 걱정이 돼요. jeo-neun geok-jeong-i dwae-yo.
Estoy nervioso /nerviosa/.	저는 긴장이 돼요. jeo-neun gin-jang-i dwae-yo.

Estoy celoso /celosa/.

저는 부러워요.
jeo-neun bu-reo-wo-yo.

Estoy sorprendido /sorprendida/.

놀랐어요.
nol-la-seo-yo.

Estoy perplejo /perpleja/.

당황했어요.
dang-hwang-hae-seo-yo.

Problemas, Accidentes

Tengo un problema.

문제가 있어요.
mun-je-ga i-seo-yo.

Tenemos un problema.

우리는 문제가 있어요.
u-ri-neun mun-je-ga i-seo-yo.

Estoy perdido /perdida/.

길을 잃었어요.
gi-reul ri-reo-seo-yo.

Perdí el último autobús (tren).

마지막 버스 (기차)를
놓쳤어요.
ma-ji-mak beo-seu (gi-cha)reul
lo-chyeo-seo-yo.

No me queda más dinero.

돈이 다 떨어졌어요.
don-i da tteo-reo-jyeo-seo-yo.

He perdido ...

··· 잃어버렸어요.
... i-reo-beo-ryeo-seo-yo.

Me han robado ...

제 ··· 누가 훔쳐갔어요.
je ... nu-ga hum-chyeo-ga-seo-yo.

mi pasaporte

여권
yeo-gwon

mi cartera

지갑
ji-gap

mis papeles

서류
seo-ryu

mi billete

표
pyo

mi dinero

돈
don

mi bolso

핸드백
haen-deu-baek

mi cámara

카메라
ka-me-ra

mi portátil

노트북
no-teu-buk

mi tableta

타블렛피씨
ta-beul-let-pi-ssi

mi teléfono

핸드폰
haen-deu-pon

¡Ayúdeme!

도와주세요!
do-wa-ju-se-yo!

¿Qué pasó?

무슨 일이 있었어요?
mu-seun i-ri i-seo-seo-yo?

el incendio

화재
hwa-jae

un tiroteo	총격 chong-gyeok
el asesinato	살인 sa-rin
una explosión	폭발 pok-bal
una pelea	폭행 pok-aeng

¡Llame a la policía!	경찰을 불러 주세요! gyeong-cha-reul bul-leo ju-se-yo!
¡Más rápido, por favor!	제발 서둘러요! je-bal seo-dul-leo-yo!
Busco la comisaría.	경찰서를 찾고 있어요. gyeong-chal-seo-reul chat-go i-seo-yo.
Tengo que hacer una llamada.	전화를 걸어야 해요. jeon-hwa-reul geo-reo-ya hae-yo.
¿Puedo usar su teléfono?	전화를 빌려주실 수 있어요? jeon-hwa-reul bil-lyeo-ju-sil su i-seo-yo?

Me han ...	저는 … 당했어요. jeo-neun … dang-hae-seo-yo.
asaltado /asaltada/	강도 gang-do
robado /robada/	도둑질 do-duk-jil
violada	강간 gang-gan
atacado /atacada/	폭행 pok-aeng

¿Se encuentra bien?	괜찮으세요? gwaen-cha-neu-se-yo?
¿Ha visto quien a sido?	누구였는지 보셨어요? nu-gu-yeon-neun-ji bo-syeo-seo-yo?
¿Sería capaz de reconocer a la persona?	그 사람을 알아볼 수 있겠어요? geu sa-ra-meul ra-ra-bol su it-ge-seo-yo?
¿Está usted seguro?	확실해요? hwak-sil-hae-yo?

Por favor, cálmese.	제발 진정해요. je-bal jin-jeong-hae-yo.
¡Cálmese!	마음을 가라앉히세요! ma-eu-meul ga-ra-an-chi-se-yo!
¡No se preocupe!	걱정하지 마세요! geok-jeong-ha-ji ma-se-yo!
Todo irá bien.	다 잘 될 거예요. da jal doel geo-ye-yo.
Todo está bien.	다 괜찮아요. da gwaen-cha-na-yo.

Venga aquí, por favor.

이 쪽으로 오세요.
i jjo-geu-ro o-se-yo.

Tengo unas preguntas para usted.

질문이 있습니다.
jil-mun-i it-seum-ni-da.

Espere un momento, por favor.

잠시 기다려 주세요.
jam-si gi-da-ryeo ju-se-yo.

¿Tiene un documento de identidad?

신분증 있습니까?
sin-bun-jeung it-seum-ni-kka?

Gracias. Puede irse ahora.

감사합니다. 이제 가셔도
됩니다.
gam-sa-ham-ni-da. i-je ga-syeo-do
doem-ni-da.

¡Manos detrás de la cabeza!

손 머리 위로 들어!
son meo-ri wi-ro deu-reo!

¡Está arrestado!

체포한다!
che-po-han-da!

Problemas de salud

Ayudeme, por favor.
도와주세요.
do-wa-ju-se-yo.

No me encuentro bien.
몸이 안 좋아요.
mom-i an jo-a-yo.

Mi marido no se encuentra bien.
제 남편이 몸이 안 좋아요.
je nam-pyeon-i mom-i an jo-a-yo.

Mi hijo ...
제 아들이 …
je a-deu-ri …

Mi padre ...
제 아버지가 …
je a-beo-ji-ga …

Mi mujer no se encuentra bien.
제 아내가 몸이 안 좋아요.
je a-nae-ga mom-i an jo-a-yo.

Mi hija ...
제 딸이 …
je tta-ri …

Mi madre ...
제 어머니가 …
je eo-meo-ni-ga …

Me duele ...
…이 있어요.
…i i-seo-yo.

la cabeza
두통
du-tong

la garganta
인후통
in-hu-tong

el estómago
복통
bok-tong

un diente
치통
chi-tong

Estoy mareado.
어지러워요.
eo-ji-reo-wo-yo.

Él tiene fiebre.
그는 열이 있어요.
geu-neun nyeo-ri i-seo-yo.

Ella tiene fiebre.
그녀는 열이 있어요.
geu-nyeo-neun nyeo-ri i-seo-yo.

No puedo respirar.
숨을 못 쉬겠어요.
su-meul mot swi-ge-seo-yo.

Me ahogo.
숨이 차요.
sum-i cha-yo.

Tengo asma.
저는 천식이 있어요.
jeo-neun cheon-si-gi i-seo-yo.

Tengo diabetes.
저는 당뇨가 있어요.
jeo-neun dang-nyo-ga i-seo-yo.

No puedo dormir.
저는 잠을 못 자요.
jeo-neun ja-meul mot ja-yo.

intoxicación alimentaria
식중독
sik-jung-dok

Me duele aquí.
여기가 아파요.
yeo-gi-ga a-pa-yo.

¡Ayúdeme!
도와주세요!
do-wa-ju-se-yo!

¡Estoy aquí!
여기 있어요!
yeo-gi i-seo-yo!

¡Estamos aquí!
우리 여기 있어요!
u-ri yeo-gi i-seo-yo!

¡Saquenme de aquí!
꺼내주세요!
kkeo-nae-ju-se-yo!

Necesito un médico.
의사가 필요해요.
ui-sa-ga pi-ryo-hae-yo.

No me puedo mover.
못 움직이겠어요.
mot um-ji-gi-ge-seo-yo.

No puedo mover mis piernas.
다리를 못 움직이겠어요.
da-ri-reul mot um-ji-gi-ge-seo-yo.

Tengo una herida.
다쳤어요.
da-chyeo-seo-yo.

¿Es grave?
심각한가요?
sim-gak-an-ga-yo?

Mis documentos están en mi bolsillo.
주머니에 제 서류가 있어요.
ju-meo-ni-e je seo-ryu-ga i-seo-yo.

¡Cálmese!
진정해요!
jin-jeong-hae-yo!

¿Puedo usar su teléfono?
전화를 빌려주실 수 있어요?
jeon-hwa-reul bil-lyeo-ju-sil su i-seo-yo?

¡Llame a una ambulancia!
구급차를 불러 주세요!
gu-geup-cha-reul bul-leo ju-se-yo!

¡Es urgente!
급해요!
geu-pae-yo!

¡Es una emergencia!
긴급 상황이에요!
gin-geup sang-hwang-i-e-yo!

¡Más rápido, por favor!
제발 서둘러요!
je-bal seo-dul-leo-yo!

¿Puede llamar a un médico, por favor?
의사를 불러주시겠어요?
ui-sa-reul bul-leo-ju-si-ge-seo-yo?

¿Dónde está el hospital?
병원은 어디 있어요?
byeong-wo-neun eo-di i-seo-yo?

¿Cómo se siente?
기분이 어떠세요?
gi-bun-i eo-tteo-se-yo?

¿Se encuentra bien?
괜찮으세요?
gwaen-cha-neu-se-yo?

¿Qué pasó?
무슨 일이 있었어요?
mu-seun i-ri i-seo-seo-yo?

Me encuentro mejor.   이제 나아졌어요.
                                       i-je na-a-jyeo-seo-yo.

Está bien.   괜찮아요.
                                       gwaen-cha-na-yo.

Todo está bien.   괜찮아요.
                                       gwaen-cha-na-yo.

En la farmacia

la farmacia	약국 yak-guk
la farmacia 24 horas	24시간 약국 i-sip-sa-si-gan nyak-guk
¿Dónde está la farmacia más cercana?	가장 가까운 약국이 어디예요? ga-jang ga-kka-un nyak-gu-gi eo-di-ye-yo?

¿Está abierta ahora?	지금 열었어요? ji-geum myeo-reo-seo-yo?
¿A qué hora abre?	몇 시에 열어요? myeot si-e yeo-reo-yo?
¿A qué hora cierra?	몇 시에 닫아요? myeot si-e da-da-yo?

¿Está lejos?	멀어요? meo-reo-yo?
¿Puedo llegar a pie?	걸어갈 수 있어요? geo-reo-gal su i-seo-yo?
¿Puede mostrarme en el mapa?	지도에서 보여주실 수 있어요? ji-do-e-seo bo-yeo-ju-sil su i-seo-yo?

Por favor, deme algo para …	…에 듣는 약 주세요. …e deun-neun nyak ju-se-yo.
un dolor de cabeza	두통 du-tong
la tos	기침 gi-chim
el resfriado	감기 gam-gi
la gripe	독감 dok-gam

la fiebre	열 yeol
un dolor de estomago	복통 bok-tong
nauseas	구토 gu-to
la diarrea	설사 seol-sa
el estreñimiento	변비 byeon-bi

un dolor de espalda	등 통증 deung tong-jeung
un dolor de pecho	가슴 통증 ga-seum tong-jeung
el flato	옆구리 당김 yeop-gu-ri dang-gim
un dolor abdominal	배 통증 bae tong-jeung
la píldora	알약 a-ryak
la crema	연고 yeon-go
el jarabe	물약 mul-lyak
el spray	스프레이 seu-peu-re-i
las gotas	안약 a-nyak
Tiene que ir al hospital.	병원에 가셔야 해요. byeong-won-e ga-syeo-ya hae-yo.
el seguro de salud	건강보험 geon-gang-bo-heom
la receta	처방전 cheo-bang-jeon
el repelente de insectos	방충제 bang-chung-je
la curita	밴드에이드 baen-deu-e-i-deu

Lo más imprescindible

Perdone, …	실례합니다, … sil-lye-ham-ni-da, …
Hola.	안녕하세요. an-nyeong-ha-se-yo.
Gracias.	감사합니다. gam-sa-ham-ni-da.
Sí.	네. ne.
No.	아니오. a-ni-o.
No lo sé.	모르겠어요. mo-reu-ge-seo-yo.
¿Dónde?	¿A dónde?	¿Cuándo?	어디예요?	어디까지 가세요? | 언제요? eo-di-ye-yo?	eo-di-kka-ji ga-se-yo? | eon-je-yo?

Necesito …	… 필요해요. … pi-ryo-hae-yo.
Quiero …	… 싶어요. … si-peo-yo.
¿Tiene …?	… 있으세요? … i-seu-se-yo?
¿Hay … por aquí?	여기 … 있어요? yeo-gi … i-seo-yo?
¿Puedo …?	…해도 되나요? … hae-do doe-na-yo?
…, por favor? (petición educada)	…, 부탁합니다. …, bu-tak-am-ni-da.

Busco …	… 찾고 있어요. … chat-go i-seo-yo.
el servicio	화장실 hwa-jang-sil
un cajero automático	현금인출기 hyeon-geum-in-chul-gi
una farmacia	약국 yak-guk
el hospital	병원 byeong-won
la comisaría	경찰서 gyeong-chal-seo
el metro	지하철 ji-ha-cheol

un taxi	택시 taek-si
la estación de tren	기차역 gi-cha-yeok

Me llamo ...	제 이름은 … 입니다. je i-reu-meun … im-ni-da.
¿Cómo se llama?	성함이 어떻게 되세요? seong-ham-i eo-tteo-ke doe-se-yo?
¿Puede ayudarme, por favor?	도와주세요. do-wa-ju-se-yo.
Tengo un problema.	문제가 있어요. mun-je-ga i-seo-yo.
Me encuentro mal.	몸이 안 좋아요. mom-i an jo-a-yo.
¡Llame a una ambulancia!	구급차를 불러 주세요! gu-geup-cha-reul bul-leo ju-se-yo!
¿Puedo llamar, por favor?	전화를 써도 되나요? jeon-hwa-reul sseo-do doe-na-yo?

Lo siento.	죄송합니다. joe-song-ham-ni-da.
De nada.	천만에요. cheon-man-e-yo.

Yo	저 jeo
tú	너 neo
él	그 geu
ella	그녀 geu-nyeo
ellos	그들 geu-deul
ellas	그들 geu-deul
nosotros /nosotras/	우리 u-ri
ustedes, vosotros	너희 neo-hui
usted	당신 dang-sin

ENTRADA	입구 ip-gu
SALIDA	출구 chul-gu
FUERA DE SERVICIO	고장 go-jang
CERRADO	닫힘 da-chim

ABIERTO

열림
yeol-lim

PARA SEÑORAS

여성용
yeo-seong-yong

PARA CABALLEROS

남성용
nam-seong-yong

DICCIONARIO CONCISO

Esta sección contiene más
de 1.500 palabras útiles.
El diccionario incluye muchos
términos gastronómicos
y será de gran ayuda para
pedir alimentos en un
restaurante o comprando
comestibles en la tienda

T&P Books Publishing

CONTENIDO
DEL DICCIONARIO

T&P Books Publishing

T&P Books Publishing

1. La hora. El calendario

tiempo (m)	시간	si-gan
hora (f)	시	si
media hora (f)	반시간	ban-si-gan
minuto (m)	분	bun
segundo (m)	초	cho
hoy (adv)	오늘	o-neul
mañana (adv)	내일	nae-il
ayer (adv)	어제	eo-je
lunes (m)	월요일	wo-ryo-il
martes (m)	화요일	hwa-yo-il
miércoles (m)	수요일	su-yo-il
jueves (m)	목요일	mo-gyo-il
viernes (m)	금요일	geu-myo-il
sábado (m)	토요일	to-yo-il
domingo (m)	일요일	i-ryo-il
día (m)	낮	nat
día (m) de trabajo	근무일	geun-mu-il
día (m) de fiesta	공휴일	gong-hyu-il
fin (m) de semana	주말	ju-mal
semana (f)	주	ju
semana (f) pasada	지난 주에	ji-nan ju-e
semana (f) que viene	다음 주에	da-eum ju-e
salida (f) del sol	일출	il-chul
puesta (f) del sol	저녁 노을	jeo-nyeok no-eul
por la mañana	아침에	a-chim-e
por la tarde	오후에	o-hu-e
por la noche	저녁에	jeo-nyeo-ge
esta noche (p.ej. 8:00 p.m.)	오늘 저녁에	o-neul jeo-nyeo-ge
por la noche	밤에	bam-e
medianoche (f)	자정	ja-jeong
enero (m)	일월	i-rwol
febrero (m)	이월	i-wol
marzo (m)	삼월	sam-wol
abril (m)	사월	sa-wol
mayo (m)	오월	o-wol
junio (m)	유월	yu-wol
julio (m)	칠월	chi-rwol

agosto (m)	팔월	pa-rwol
septiembre (m)	구월	gu-wol
octubre (m)	시월	si-wol
noviembre (m)	십일월	si-bi-rwol
diciembre (m)	십이월	si-bi-wol

en primavera	봄에	bom-e
en verano	여름에	yeo-reum-e
en otoño	가을에	ga-eu-re
en invierno	겨울에	gyeo-u-re

mes (m)	월, 달	wol, dal
estación (f)	계절	gye-jeol
año (m)	년	nyeon
siglo (m)	세기	se-gi

2. Números. Los numerales

cifra (f)	숫자	sut-ja
número (m) (~ cardinal)	숫자	sut-ja
menos (m)	마이너스	ma-i-neo-seu
más (m)	플러스	peul-leo-seu
suma (f)	총합	chong-hap

primero (adj)	첫 번째의	cheot beon-jjae-ui
segundo (adj)	두 번째의	du beon-jjae-ui
tercero (adj)	세 번째의	se beon-jjae-ui

cero	영	yeong
uno	일	il
dos	이	i
tres	삼	sam
cuatro	사	sa

cinco	오	o
seis	육	yuk
siete	칠	chil
ocho	팔	pal
nueve	구	gu
diez	십	sip

once	십일	si-bil
doce	십이	si-bi
trece	십삼	sip-sam
catorce	십사	sip-sa
quince	십오	si-bo

dieciséis	십육	si-byuk
diecisiete	십칠	sip-chil
dieciocho	십팔	sip-pal

diecinueve	십구	sip-gu
veinte	이십	i-sip
treinta	삼십	sam-sip
cuarenta	사십	sa-sip
cincuenta	오십	o-sip
sesenta	육십	yuk-sip
setenta	칠십	chil-sip
ochenta	팔십	pal-sip
noventa	구십	gu-sip
cien	백	baek
doscientos	이백	i-baek
trescientos	삼백	sam-baek
cuatrocientos	사백	sa-baek
quinientos	오백	o-baek
seiscientos	육백	yuk-baek
setecientos	칠백	chil-baek
ochocientos	팔백	pal-baek
novecientos	구백	gu-baek
mil	천	cheon
diez mil	만	man
cien mil	십만	sim-man
millón (m)	백만	baeng-man
mil millones	십억	si-beok

3. El ser humano. Los familiares

hombre (m) (varón)	남자	nam-ja
joven (m)	젊은 분	jeol-meun bun
adolescente (m)	청소년	cheong-so-nyeon
mujer (f)	여자	yeo-ja
muchacha (f)	소녀, 아가씨	so-nyeo, a-ga-ssi
edad (f)	나이	na-i
adulto	어른	eo-reun
de edad media (adj)	중년의	jung-nyeo-nui
de edad, anciano (adj)	나이 든	na-i deun
viejo (adj)	늙은	neul-geun
anciano (m)	노인	no-in
anciana (f)	노인	no-in
jubilación (f)	은퇴	eun-toe
jubilarse	은퇴하다	eun-toe-ha-da
jubilado (m)	은퇴자	eun-toe-ja
madre (f)	어머니	eo-meo-ni
padre (m)	아버지	a-beo-ji
hijo (m)	아들	a-deul

hija (f)	딸	ttal
hermano (m)	형제	hyeong-je
hermana (f)	자매	ja-mae
padres (m pl)	부모	bu-mo
niño -a (m, f)	아이, 아동	a-i, a-dong
niños (m pl)	아이들	a-i-deul
madrastra (f)	계모	gye-mo
padrastro (m)	계부	gye-bu
abuela (f)	할머니	hal-meo-ni
abuelo (m)	할아버지	ha-ra-beo-ji
nieto (m)	손자	son-ja
nieta (f)	손녀	son-nyeo
nietos (m pl)	손자들	son-ja-deul
tío (m)	삼촌	sam-chon
sobrino (m)	조카	jo-ka
sobrina (f)	조카딸	jo-ka-ttal
mujer (f)	아내	a-nae
marido (m)	남편	nam-pyeon
casado (adj)	결혼한	gyeol-hon-han
casada (adj)	결혼한	gyeol-hon-han
viuda (f)	과부	gwa-bu
viudo (m)	홀아비	ho-ra-bi
nombre (m)	이름	i-reum
apellido (m)	성	seong
pariente (m)	친척	chin-cheok
amigo (m)	친구	chin-gu
amistad (f)	우정	u-jeong
compañero (m)	파트너	pa-teu-neo
superior (m)	윗사람	wit-sa-ram
colega (m, f)	동료	dong-nyo
vecinos (m pl)	이웃들	i-ut-deul

4. El cuerpo. La anatomía humana

organismo (m)	생체	saeng-che
cuerpo (m)	몸	mom
corazón (m)	심장	sim-jang
sangre (f)	피	pi
cerebro (m)	두뇌	du-noe
nervio (m)	신경	sin-gyeong
hueso (m)	뼈	ppyeo
esqueleto (m)	뼈대	ppyeo-dae

columna (f) vertebral	등뼈	deung-ppyeo
costilla (f)	늑골	neuk-gol
cráneo (m)	두개골	du-gae-gol
músculo (m)	근육	geu-nyuk
pulmones (m pl)	폐	pye
piel (f)	피부	pi-bu
cabeza (f)	머리	meo-ri
cara (f)	얼굴	eol-gul
nariz (f)	코	ko
frente (f)	이마	i-ma
mejilla (f)	뺨, 볼	ppyam, bol
boca (f)	입	ip
lengua (f)	혀	hyeo
diente (m)	이	i
labios (m pl)	입술	ip-sul
mentón (m)	턱	teok
oreja (f)	귀	gwi
cuello (m)	목	mok
garganta (f)	목구멍	mok-gu-meong
ojo (m)	눈	nun
pupila (f)	눈동자	nun-dong-ja
ceja (f)	눈썹	nun-sseop
pestaña (f)	속눈썹	song-nun-sseop
pelo, cabello (m)	머리털, 헤어	meo-ri-teol, he-eo
peinado (m)	머리 스타일	meo-ri seu-ta-il
bigote (m)	콧수염	kot-su-yeom
barba (f)	턱수염	teok-su-yeom
tener (~ la barba)	기르다	gi-reu-da
calvo (adj)	대머리인	dae-meo-ri-in
mano (f)	손	son
brazo (m)	팔	pal
dedo (m)	손가락	son-ga-rak
uña (f)	손톱	son-top
palma (f)	손바닥	son-ba-dak
hombro (m)	어깨	eo-kkae
pierna (f)	다리	da-ri
planta (f)	발	bal
rodilla (f)	무릎	mu-reup
talón (m)	발뒤꿈치	bal-dwi-kkum-chi
espalda (f)	등	deung
cintura (f), talle (m)	허리	heo-ri
lunar (m)	점	jeom
marca (f) de nacimiento	모반	mo-ban

5. La medicina. Las drogas

salud (f)	건강	geon-gang
sano (adj)	건강한	geon-gang-han
enfermedad (f)	병	byeong
estar enfermo	눕다	nup-da
enfermo (adj)	아픈	a-peun
resfriado (m)	감기	gam-gi
resfriarse (vr)	감기에 걸리다	gam-gi-e geol-li-da
angina (f)	편도염	pyeon-do-yeom
pulmonía (f)	폐렴	pye-ryeom
gripe (f)	독감	dok-gam
resfriado (m) (coriza)	비염	bi-yeom
tos (f)	기침	gi-chim
toser (vi)	기침을 하다	gi-chi-meul ha-da
estornudar (vi)	재채기하다	jae-chae-gi-ha-da
insulto (m)	뇌졸중	noe-jol-jung
ataque (m) cardiaco	심장마비	sim-jang-ma-bi
alergia (f)	알레르기	al-le-reu-gi
asma (f)	천식	cheon-sik
diabetes (m)	당뇨병	dang-nyo-byeong
tumor (m)	종양	jong-yang
cáncer (m)	암	am
alcoholismo (m)	알코올 중독	al-ko-ol jung-dok
SIDA (f)	에이즈	e-i-jeu
fiebre (f)	열병	yeol-byeong
mareo (m)	뱃멀미	baen-meol-mi
moradura (f)	멍	meong
chichón (m)	혹	hok
cojear (vi)	절다	jeol-da
dislocación (f)	탈구	tal-gu
dislocar (vt)	탈구하다	tal-gu-ha-da
fractura (f)	골절	gol-jeol
quemadura (f)	화상	hwa-sang
herida (f)	부상	bu-sang
dolor (m)	통증	tong-jeung
dolor (m) de muelas	치통, 이앓이	chi-tong, i-a-ri
sudar (vi)	땀이 나다	ttam-i na-da
sordo (adj)	귀가 먼	gwi-ga meon
mudo (adj)	벙어리인	beong-eo-ri-in
inmunidad (f)	면역성	myeo-nyeok-seong
virus (m)	바이러스	ba-i-reo-seu
microbio (m)	미생물	mi-saeng-mul

| bacteria (f) | 세균 | se-gyun |
| infección (f) | 감염 | gam-nyeom |

hospital (m)	병원	byeong-won
cura (f)	치료	chi-ryo
vacunar (vt)	접종하다	jeop-jong-ha-da
estar en coma	혼수 상태에 있다	hon-su sang-tae-e it-da
revitalización (f)	집중 치료	jip-jung chi-ryo
síntoma (m)	증상	jeung-sang
pulso (m)	맥박	maek-bak

6. Los sentimientos. Las emociones

yo	나, 저	na
tú	너	neo
él	그, 그분	geu, geu-bun
ella	그녀	geu-nyeo
ello	그것	geu-geot

nosotros, -as	우리	u-ri
vosotros, -as	너회	neo-hui
Usted	당신	dang-sin
ellos, ellas	그들	geu-deul

¡Hola! (fam.)	안녕!	an-nyeong!
¡Hola! (form.)	안녕하세요!	an-nyeong-ha-se-yo!
¡Buenos días!	안녕하세요!	an-nyeong-ha-se-yo!
¡Buenas tardes!	안녕하세요!	an-nyeong-ha-se-yo!
¡Buenas noches!	안녕하세요!	an-nyeong-ha-se-yo!

decir hola	인사하다	in-sa-ha-da
saludar (vt)	인사하다	in-sa-ha-da
¿Cómo estás?	잘 지내세요?	jal ji-nae-se-yo?
¡Chau! ¡Adiós!	안녕히 가세요!	an-nyeong-hi ga-se-yo!
¡Gracias!	감사합니다!	gam-sa-ham-ni-da!

sentimientos (m pl)	감정	gam-jeong
tener hambre	배가 고프다	bae-ga go-peu-da
tener sed	목마르다	mong-ma-reu-da
cansado (adj)	피곤한	pi-gon-han

inquietarse (vr)	걱정하다	geok-jeong-ha-da
estar nervioso	긴장하다	gin-jang-ha-da
esperanza (f)	희망	hui-mang
esperar (tener esperanza)	희망하다	hui-mang-ha-da

carácter (m)	성격	seong-gyeok
modesto (adj)	겸손한	gyeom-son-han
perezoso (adj)	게으른	ge-eu-reun
generoso (adj)	관대한	gwan-dae-han

talentoso (adj)	재능이 있는	jae-neung-i in-neun
honesto (adj)	정직한	jeong-jik-an
serio (adj)	진지한	jin-ji-han
tímido (adj)	소심한	so-sim-han
sincero (adj)	성실한	seong-sil-han
cobarde (m)	비겁한 자, 겁쟁이	bi-geo-pan ja, geop-jaeng-i
dormir (vi)	잠을 자다	ja-meul ja-da
sueño (m) (dulces ~s)	꿈	kkum
cama (f)	침대	chim-dae
almohada (f)	베개	be-gae
insomnio (m)	불면증	bul-myeon-jeung
irse a la cama	잠자리에 들다	jam-ja-ri-e deul-da
pesadilla (f)	악몽	ang-mong
despertador (m)	알람 시계	al-lam si-gye
sonrisa (f)	미소	mi-so
sonreír (vi)	미소를 짓다	mi-so-reul jit-da
reírse (vr)	웃다	ut-da
disputa (f), riña (f)	싸움	ssa-um
insulto (m)	모욕	mo-yok
ofensa (f)	분노	bun-no
enfadado (adj)	화가 난	hwa-ga nan

7. La ropa. Accesorios personales

ropa (f), vestido (m)	옷	ot
abrigo (m)	코트	ko-teu
abrigo (m) de piel	모피 외투	mo-pi oe-tu
cazadora (f)	재킷	jae-kit
impermeable (m)	트렌치코트	teu-ren-chi-ko-teu
camisa (f)	셔츠	syeo-cheu
pantalones (m pl)	바지	ba-ji
chaqueta (f), saco (m)	재킷	jae-kit
traje (m)	양복	yang-bok
vestido (m)	드레스	.deu-re-seu
falda (f)	치마	chi-ma
camiseta (f) (T-shirt)	티셔츠	ti-syeo-cheu
bata (f) de baño	목욕가운	mo-gyok-ga-un
pijama (f)	파자마	pa-ja-ma
ropa (f) de trabajo	작업복	ja-geop-bok
ropa (f) interior	속옷	so-got
calcetines (m pl)	양말	yang-mal
sostén (m)	브라	beu-ra
pantimedias (f pl)	팬티 스타킹	paen-ti seu-ta-king
medias (f pl)	밴드 스타킹	baen-deu seu-ta-king

traje (m) de baño	수영복	su-yeong-bok
gorro (m)	모자	mo-ja
calzado (m)	신발	sin-bal
botas (f pl) altas	부츠	bu-cheu
tacón (m)	굽	gup
cordón (m)	끈	kkeun
betún (m)	구두약	gu-du-yak

algodón (m)	면	myeon
lana (f)	모직, 울	mo-jik, ul
piel (f) (~ de zorro, etc.)	모피	mo-pi

guantes (m pl)	장갑	jang-gap
manoplas (f pl)	벙어리장갑	beong-eo-ri-jang-gap
bufanda (f)	목도리	mok-do-ri
gafas (f pl)	안경	an-gyeong
paraguas (m)	우산	u-san

corbata (f)	넥타이	nek-ta-i
moquero (m)	손수건	son-su-geon
peine (m)	빗	bit
cepillo (m) de pelo	빗, 솔빗	bit, sol-bit
hebilla (f)	버클	beo-keul
cinturón (m)	벨트	bel-teu
bolso (m)	핸드백	haen-deu-baek

cuello (m)	옷깃	ot-git
bolsillo (m)	주머니, 포켓	ju-meo-ni, po-ket
manga (f)	소매	so-mae
bragueta (f)	바지 지퍼	ba-ji ji-peo

cremallera (f)	지퍼	ji-peo
botón (m)	단추	dan-chu
ensuciarse (vr)	더러워지다	deo-reo-wo-ji-da
mancha (f)	얼룩	eol-luk

8. La ciudad. Las instituciones urbanas

tienda (f)	가게, 상점	ga-ge, sang-jeom
centro (m) comercial	쇼핑몰	syo-ping-mol
supermercado (m)	슈퍼마켓	syu-peo-ma-ket
zapatería (f)	신발 가게	sin-bal ga-ge
librería (f)	서점	seo-jeom

farmacia (f)	약국	yak-guk
panadería (f)	빵집	ppang-jip
pastelería (f)	제과점	je-gwa-jeom
tienda (f) de comestibles	식료품점	sing-nyo-pum-jeom
carnicería (f)	정육점	jeong-yuk-jeom
verdulería (f)	야채 가게	ya-chae ga-ge

mercado (m)	시장	si-jang
peluquería (f)	미장원	mi-jang-won
oficina (f) de correos	우체국	u-che-guk
tintorería (f)	드라이 클리닝	deu-ra-i keul-li-ning
circo (m)	서커스	seo-keo-seu
zoo (m)	동물원	dong-mu-rwon
teatro (m)	극장	geuk-jang
cine (m)	영화관	yeong-hwa-gwan
museo (m)	박물관	bang-mul-gwan
biblioteca (f)	도서관	do-seo-gwan
mezquita (f)	모스크	mo-seu-keu
sinagoga (f)	유대교 회당	yu-dae-gyo hoe-dang
catedral (f)	대성당	dae-seong-dang
templo (m)	사원, 신전	sa-won, sin-jeon
iglesia (f)	교회	gyo-hoe
instituto (m)	단과대학	dan-gwa-dae-hak
universidad (f)	대학교	dae-hak-gyo
escuela (f)	학교	hak-gyo
hotel (m)	호텔	ho-tel
banco (m)	은행	eun-haeng
embajada (f)	대사관	dae-sa-gwan
agencia (f) de viajes	여행사	yeo-haeng-sa
metro (m)	지하철	ji-ha-cheol
hospital (m)	병원	byeong-won
gasolinera (f)	주유소	ju-yu-so
aparcamiento (m)	주차장	ju-cha-jang
ENTRADA	입구	ip-gu
SALIDA	출구	chul-gu
EMPUJAR	미세요	mi-se-yo
TIRAR	당기세요	dang-gi-se-yo
ABIERTO	열림	yeol-lim
CERRADO	닫힘	da-chim
monumento (m)	기념비	gi-nyeom-bi
fortaleza (f)	요새	yo-sae
palacio (m)	궁전	gung-jeon
medieval (adj)	중세의	jung-se-ui
antiguo (adj)	고대의	go-dae-ui
nacional (adj)	국가의	guk-ga-ui
conocido (adj)	유명한	yu-myeong-han

9. El dinero. Las finanzas

dinero (m)	돈	don
moneda (f)	동전	dong-jeon

| dólar (m) | 달러 | dal-leo |
| euro (m) | 유로 | yu-ro |

cajero (m) automático	현금 자동 지급기	hyeon-geum ja-dong ji-geup-gi
oficina (f) de cambio	환전소	hwan-jeon-so
curso (m)	환율	hwa-nyul
dinero (m) en efectivo	현금	hyeon-geum
¿Cuánto?	얼마?	eol-ma?
pagar (vi, vt)	지불하다	ji-bul-ha-da
pago (m)	지불	ji-bul
cambio (m) (devolver el ~)	거스름돈	geo-seu-reum-don

precio (m)	가격	ga-gyeok
descuento (m)	할인	ha-rin
barato (adj)	싼	ssan
caro (adj)	비싼	bi-ssan

banco (m)	은행	eun-haeng
cuenta (f)	계좌	gye-jwa
tarjeta (f) de crédito	신용 카드	si-nyong ka-deu
cheque (m)	수표	su-pyo
sacar un cheque	수표를 끊다	su-pyo-reul kkeun-ta
talonario (m)	수표책	su-pyo-chaek

deuda (f)	빚	bit
deudor (m)	채무자	chae-mu-ja
prestar (vt)	빌려주다	bil-lyeo-ju-da
tomar prestado	빌리다	bil-li-da

alquilar (vt)	빌리다	bil-li-da
a crédito (adv)	신용으로	si-nyong-eu-ro
cartera (f)	지갑	ji-gap
caja (f) fuerte	금고	geum-go
herencia (f)	유산	yu-san
fortuna (f)	재산, 큰돈	jae-san, keun-don

impuesto (m)	세금	se-geum
multa (f)	벌금	beol-geum
multar (vt)	벌금을 부과하다	beol-geu-meul bu-gwa-ha-da

al por mayor (adj)	도매의	do-mae-ui
al por menor (adj)	소매의	so-mae-ui
asegurar (vt)	보험에 들다	bo-heom-e deul-da
seguro (m)	보험	bo-heom

capital (m)	자본	ja-bon
volumen (m) de negocio	총매출액	chong-mae-chu-raek
acción (f)	주식	ju-sik
beneficio (m)	수익, 이익	su-ik, i-ik
beneficioso (adj)	수익성이 있는	su-ik-seong-i in-neun

crisis (m)	위기	wi-gi
bancarrota (f)	파산	pa-san
ir a la bancarrota	파산하다	pa-san-ha-da

contable (m)	회계사	hoe-gye-sa
salario (m)	급여, 월급	geu-byeo, wol-geup
premio (m)	보너스	bo-neo-seu

10. El transporte

autobús (m)	버스	beo-seu
tranvía (m)	전차	jeon-cha
trolebús (m)	트롤리 버스	teu-rol-li beo-seu

ir en ...	··· 타고 가다	... ta-go ga-da
tomar (~ el autobús)	타다	ta-da
bajar (~ del tren)	··· 에서 내리다	... e-seo nae-ri-da

parada (f)	정류장	jeong-nyu-jang
parada (f) final	종점	jong-jeom
horario (m)	시간표	si-gan-pyo
billete (m)	표	pyo
llegar tarde (vi)	··· 시간에 늦다	... si-gan-e neut-da

taxi (m)	택시	taek-si
en taxi	택시로	taek-si-ro
parada (f) de taxi	택시 정류장	taek-si jeong-nyu-jang

tráfico (m)	교통	gyo-tong
horas (f pl) de punta	러시 아워	reo-si a-wo
aparcar (vi)	주차하다	ju-cha-ha-da

metro (m)	지하철	ji-ha-cheol
estación (f)	역	yeok
tren (m)	기차	gi-cha
estación (f)	기차역	gi-cha-yeok
rieles (m pl)	레일	re-il
compartimiento (m)	침대차	chim-dae-cha
litera (f)	침대	chim-dae

avión (m)	비행기	bi-haeng-gi
billete (m) de avión	비행기표	bi-haeng-gi-pyo
compañía (f) aérea	항공사	hang-gong-sa
aeropuerto (m)	공항	gong-hang

vuelo (m)	비행	bi-haeng
equipaje (m)	짐, 수하물	jim, su-ha-mul
carrito (m) de equipaje	수하물 카트	su-ha-mul ka-teu
buque (m)	배	bae
trasatlántico (m)	크루즈선	keu-ru-jeu-seon

| yate (m) | 요트 | yo-teu |
| bote (m) de remo | 보트 | bo-teu |

capitán (m)	선장	seon-jang
camarote (m)	선실	seon-sil
puerto (m)	항구	hang-gu

bicicleta (f)	자전거	ja-jeon-geo
scooter (f)	스쿠터	seu-ku-teo
motocicleta (f)	오토바이	o-to-ba-i
pedal (m)	페달	pe-dal
bomba (f)	펌프	peom-peu
rueda (f)	바퀴	ba-kwi

coche (m)	자동차	ja-dong-cha
ambulancia (f)	응급차	eung-geup-cha
camión (m)	트럭	teu-reok
de ocasión (adj)	중고의	jung-go-ui
accidente (m)	사고	sa-go
reparación (f)	수리	su-ri

11. La comida. Unidad 1

carne (f)	고기	go-gi
gallina (f)	닭고기	dak-go-gi
pato (m)	오리고기	o-ri-go-gi

carne (f) de cerdo	돼지고기	dwae-ji-go-gi
carne (f) de ternera	송아지 고기	song-a-ji go-gi
carne (f) de carnero	양고기	yang-go-gi
carne (f) de vaca	소고기	so-go-gi

salchichón (m)	소시지	so-si-ji
huevo (m)	계란	gye-ran
pescado (m)	생선	saeng-seon
queso (m)	치즈	chi-jeu
azúcar (m)	설탕	seol-tang
sal (f)	소금	so-geum

arroz (m)	쌀	ssal
macarrones (m pl)	파스타	pa-seu-ta
mantequilla (f)	버터	beo-teo
aceite (m) vegetal	식물유	sing-mu-ryu
pan (m)	빵	ppang
chocolate (m)	초콜릿	cho-kol-lit

vino (m)	와인	wa-in
café (m)	커피	keo-pi
leche (f)	우유	u-yu
zumo (m), jugo (m)	주스	ju-seu

cerveza (f)	맥주	maek-ju
té (m)	차	cha
tomate (m)	토마토	to-ma-to
pepino (m)	오이	o-i
zanahoria (f)	당근	dang-geun
patata (f)	감자	gam-ja
cebolla (f)	양파	yang-pa
ajo (m)	마늘	ma-neul
col (f)	양배추	yang-bae-chu
remolacha (f)	비트	bi-teu
berenjena (f)	가지	ga-ji
eneldo (m)	딜	dil
lechuga (f)	양상추	yang-sang-chu
maíz (m)	옥수수	ok-su-su
fruto (m)	과일	gwa-il
manzana (f)	사과	sa-gwa
pera (f)	배	bae
limón (m)	레몬	re-mon
naranja (f)	오렌지	o-ren-ji
fresa (f)	딸기	ttal-gi
ciruela (f)	자두	ja-du
frambuesa (f)	라즈베리	ra-jeu-be-ri
ananás (m)	파인애플	pa-in-ae-peul
banana (f)	바나나	ba-na-na
sandía (f)	수박	su-bak
uva (f)	포도	po-do
melón (m)	멜론	mel-lon

12. La comida. Unidad 2

cocina (f)	요리	yo-ri
receta (f)	요리법	yo-ri-beop
comida (f)	음식	eum-sik
desayunar (vi)	아침을 먹다	a-chi-meul meok-da
almorzar (vi)	점심을 먹다	jeom-si-meul meok-da
cenar (vi)	저녁을 먹다	jeo-nyeo-geul meok-da
sabor (m)	맛	mat
sabroso (adj)	맛있는	man-nin-neun
frío (adj)	차가운	cha-ga-un
caliente (adj)	뜨거운	tteu-geo-un
azucarado (adj)	단	dan
salado (adj)	짠	jjan
bocadillo (m)	샌드위치	saen-deu-wi-chi
guarnición (f)	사이드 메뉴	sa-i-deu me-nyu

relleno (m)	속	sok
salsa (f)	소스	so-seu
pedazo (m)	조각	jo-gak

dieta (f)	다이어트	da-i-eo-teu
vitamina (f)	비타민	bi-ta-min
caloría (f)	칼로리	kal-lo-ri
vegetariano (m)	채식주의자	chae-sik-ju-ui-ja

restaurante (m)	레스토랑	re-seu-to-rang
cafetería (f)	커피숍	keo-pi-syop
apetito (m)	식욕	si-gyok
¡Que aproveche!	맛있게 드십시오!	man-nit-ge deu-sip-si-o!

camarero (m)	웨이터	we-i-teo
camarera (f)	웨이트리스	we-i-teu-ri-seu
barman (m)	바텐더	ba-ten-deo
carta (f), menú (m)	메뉴판	me-nyu-pan

cuchara (f)	숟가락	sut-ga-rak
cuchillo (m)	나이프	na-i-peu
tenedor (m)	포크	po-keu
taza (f)	컵	keop

plato (m)	접시	jeop-si
platillo (m)	받침 접시	bat-chim jeop-si
servilleta (f)	냅킨	naep-kin
mondadientes (m)	이쑤시개	i-ssu-si-gae

pedir (vt)	주문하다	ju-mun-ha-da
plato (m)	요리, 코스	yo-ri, ko-seu
porción (f)	분량	bul-lyang
entremés (m)	애피타이저	ae-pi-ta-i-jeo
ensalada (f)	샐러드	sael-leo-deu
sopa (f)	수프	su-peu

postre (m)	디저트	di-jeo-teu
confitura (f)	잼	jaem
helado (m)	아이스크림	a-i-seu-keu-rim
cuenta (f)	계산서	gye-san-seo
pagar la cuenta	계산하다	gye-san-ha-da
propina (f)	팁	tip

13. La casa. El apartamento. Unidad 1

casa (f)	집	jip
casa (f) de campo	시외 주택	si-oe ju-taek
villa (f)	별장	byeol-jang
piso (m)	층	cheung
entrada (f)	입구	ip-gu

pared (f)	벽	byeok
techo (m)	지붕	ji-bung
chimenea (f)	굴뚝	gul-ttuk
desván (m)	다락	da-rak
ventana (f)	창문	chang-mun
alféizar (m)	창가	chang-ga
balcón (m)	발코니	bal-ko-ni
escalera (f)	계단	gye-dan
buzón (m)	우편함	u-pyeon-ham
contenedor (m) de basura	쓰레기통	sseu-re-gi-tong
ascensor (m)	엘리베이터	el-li-be-i-teo
electricidad (f)	전기	jeon-gi
bombilla (f)	전구	jeon-gu
interruptor (m)	스위치	seu-wi-chi
enchufe (m)	소켓	so-ket
fusible (m)	퓨즈	pyu-jeu
puerta (f)	문	mun
tirador (m)	손잡이	son-ja-bi
llave (f)	열쇠	yeol-soe
felpudo (m)	문 매트	mun mae-teu
cerradura (f)	자물쇠	ja-mul-soe
timbre (m)	벨	bel
llamada (f)	노크	no-keu
llamar (vi)	두드리다	du-deu-ri-da
mirilla (f)	문구멍	mun-gu-meong
patio (m)	마당	ma-dang
jardín (m)	정원	jeong-won
piscina (f)	수영장	su-yeong-jang
gimnasio (m)	헬스장	hel-seu-jang
cancha (f) de tenis	테니스장	te-ni-seu-jang
garaje (m)	차고	cha-go
propiedad (f) privada	개인 소유물	gae-in so-yu-mul
letrero (m) de aviso	경고판	gyeong-go-pan
seguridad (f)	보안	bo-an
guardia (m) de seguridad	보안요원	bo-a-nyo-won
renovación (f)	수리를	su-ri-reul
renovar (vt)	수리를 하다	su-ri-reul ha-da
poner en orden	정리하다	jeong-ni-ha-da
pintar (las paredes)	페인트를 칠하다	pe-in-teu-reul chil-ha-da
empapelado (m)	벽지	byeok-ji
cubrir con barniz	니스를 칠하다	ni-seu-reul chil-ha-da
tubo (m)	관, 파이프	gwan, pa-i-peu
instrumentos (m pl)	공구	gong-gu
sótano (m)	지하실	ji-ha-sil
alcantarillado (m)	하수도	ha-su-do

14. La casa. El apartamento. Unidad 2

apartamento (m)	아파트	a-pa-teu
habitación (f)	방	bang
dormitorio (m)	침실	chim-sil
comedor (m)	식당	sik-dang

salón (m)	거실	geo-sil
despacho (m)	서재	seo-jae
antecámara (f)	곁방	gyeot-bang
cuarto (m) de baño	욕실	yok-sil
servicio (m)	화장실	hwa-jang-sil

| suelo (m) | 마루 | ma-ru |
| techo (m) | 천장 | cheon-jang |

limpiar el polvo	먼지를 떨다	meon-ji-reul tteol-da
aspirador (m)	진공 청소기	jin-gong cheong-so-gi
limpiar con la aspiradora	진공 청소기로 청소하다	jin-gong cheong-so-gi-ro cheong-so-ha-da

fregona (f)	대걸레	dae-geol-le
trapo (m)	행주	haeng-ju
escoba (f)	빗자루	bit-ja-ru
cogedor (m)	쓰레받기	sseu-re-bat-gi
muebles (m pl)	가구	ga-gu
mesa (f)	식탁, 테이블	sik-tak, te-i-beul
silla (f)	의자	ui-ja
sillón (m)	안락 의자	al-lak gui-ja

librería (f)	책장	chaek-jang
estante (m)	책꽂이	chaek-kko-ji
armario (m)	옷장	ot-jang

espejo (m)	거울	geo-ul
tapiz (m)	양탄자	yang-tan-ja
chimenea (f)	벽난로	byeong-nan-no
cortinas (f pl)	커튼	keo-teun
lámpara (f) de mesa	테이블 램프	deung
lámpara (f) de araña	샹들리에	syang-deul-li-e

cocina (f)	부엌	bu-eok
cocina (f) de gas	가스 레인지	ga-seu re-in-ji
cocina (f) eléctrica	전기 레인지	jeon-gi re-in-ji
horno (m) microondas	전자 레인지	jeon-ja re-in-ji

frigorífico (m)	냉장고	naeng-jang-go
congelador (m)	냉동고	naeng-dong-go
lavavajillas (m)	식기 세척기	sik-gi se-cheok-gi
grifo (m)	수도꼭지	su-do-kkok-ji
picadora (f) de carne	고기 분쇄기	go-gi bun-swae-gi

exprimidor (m)	과즙기	gwa-jeup-gi
tostador (m)	토스터	to-seu-teo
batidora (f)	믹서기	mik-seo-gi
cafetera (f) (aparato de cocina)	커피 메이커	keo-pi me-i-keo
hervidor (m) de agua	주전자	ju-jeon-ja
tetera (f)	티팟	ti-pat
televisor (m)	텔레비전	tel-le-bi-jeon
vídeo (m)	비디오테이프 녹화기	bi-di-o-te-i-peu nok-wa-gi
plancha (f)	다리미	da-ri-mi
teléfono (m)	전화	jeon-hwa

15. Los trabajos. El estatus social

director (m)	사장	sa-jang
superior (m)	상사	sang-sa
presidente (m)	회장	hoe-jang
asistente (m)	조수	jo-su
secretario, -a (m, f)	비서	bi-seo
propietario (m)	소유자	so-yu-ja
compañero (m)	파트너	pa-teu-neo
accionista (m)	주주	ju-ju
hombre (m) de negocios	사업가	sa-eop-ga
millonario (m)	백만장자	baeng-man-jang-ja
multimillonario (m)	억만장자	eong-man-jang-ja
actor (m)	배우	bae-u
arquitecto (m)	건축가	geon-chuk-ga
banquero (m)	은행가	eun-haeng-ga
broker (m)	브로커	beu-ro-keo
veterinario (m)	수의사	su-ui-sa
médico (m)	의사	ui-sa
camarera (f)	객실 청소부	gaek-sil cheong-so-bu
diseñador (m)	디자이너	di-ja-i-neo
corresponsal (m)	통신원	tong-sin-won
repartidor (m)	배달원	bae-da-rwon
electricista (m)	전기 기사	jeon-gi gi-sa
músico (m)	음악가	eum-ak-ga
niñera (f)	애기보는 사람	ae-gi-bo-neun sa-ram
peluquero (m)	미용사	mi-yong-sa
pastor (m)	목동	mok-dong
cantante (m)	가수	ga-su
traductor (m)	번역가	beo-nyeok-ga
escritor (m)	작가	jak-ga
carpintero (m)	목수	mok-su

cocinero (m)	요리사	yo-ri-sa
bombero (m)	소방관	so-bang-gwan
policía (m)	경찰관	gyeong-chal-gwan
cartero (m)	우체부	u-che-bu
programador (m)	프로그래머	peu-ro-geu-rae-meo
vendedor (m)	점원	jeom-won
obrero (m)	노동자	no-dong-ja
jardinero (m)	정원사	jeong-won-sa
fontanero (m)	배관공	bae-gwan-gong
estomatólogo (m)	치과 의사	chi-gwa ui-sa
azafata (f)	승무원	seung-mu-won
bailarín (m)	무용가	mu-yong-ga
guardaespaldas (m)	경호원	gyeong-ho-won
científico (m)	과학자	gwa-hak-ja
profesor (m) (~ de baile, etc.)	선생님	seon-saeng-nim
granjero (m)	농부	nong-bu
cirujano (m)	외과 의사	oe-gwa ui-sa
minero (m)	광부	gwang-bu
jefe (m) de cocina	주방장	ju-bang-jang
chófer (m)	운전 기사	un-jeon gi-sa

16. Los deportes

tipo (m) de deporte	스포츠 종류	seu-po-cheu jong-nyu
fútbol (m)	축구	chuk-gu
hockey (m)	하키	ha-ki
baloncesto (m)	농구	nong-gu
béisbol (m)	야구	ya-gu
voleibol (m)	배구	bae-gu
boxeo (m)	권투	gwon-tu
lucha (f)	레슬링	re-seul-ling
tenis (m)	테니스	te-ni-seu
natación (f)	수영	su-yeong
ajedrez (m)	체스	che-seu
carrera (f)	달리기	dal-li-gi
atletismo (m)	육상 경기	yuk-sang gyeong-gi
patinaje (m) artístico	피겨 스케이팅	pi-gyeo seu-ke-i-ting
ciclismo (m)	자전거경기	ja-jeon-geo-gyeong-gi
billar (m)	당구	dang-gu
culturismo (m)	보디빌딩	bo-di-bil-ding
golf (m)	골프	gol-peu
buceo (m)	스쿠버다이빙	seu-ku-beo-da-i-bing
vela (f)	요트타기	yo-teu-ta-gi

tiro (m) con arco	양궁	yang-gung
tiempo (m)	경기 시간	gyeong-gi si-gan
descanso (m)	하프 타임	ha-peu ta-im
empate (m)	무승부	mu-seung-bu
empatar (vi)	무승부로 끝나다	mu-seung-bu-ro kkeun-na-da
cinta (f) de correr	러닝 머신	reo-ning meo-sin
jugador (m)	선수	seon-su
reserva (m)	후보 선수	hu-bo seon-su
banquillo (m) de reserva	후보 선수 대기석	hu-bo seon-su dae-gi-seok
match (m)	경기	gyeong-gi
puerta (f)	골	gol
portero (m)	골키퍼	gol-ki-peo
gol (m)	득점	deuk-jeom
Juegos (m pl) Olímpicos	올림픽	ol-lim-pik
establecer un record	기록을 세우다	gi-ro-geul se-u-da
final (m)	결승전	gyeol-seung-jeon
campeón (m)	챔피언	chaem-pi-eon
campeonato (m)	선수권	seon-su-gwon
vencedor (m)	승리자	seung-ni-ja
victoria (f)	승리	seung-ni
ganar (vi)	이기다	i-gi-da
perder (vi)	지다	ji-da
medalla (f)	메달	me-dal
primer puesto (m)	일등	il-deung
segundo puesto (m)	준우승	seu-ko-eo-bo-deu
tercer puesto (m)	3위	sam-wi
estadio (m)	경기장	gyeong-gi-jang
hincha (m)	서포터	seo-po-teo
entrenador (m)	코치	ko-chi
entrenamiento (m)	훈련	hul-lyeon

17. Los idiomas extranjeros. La ortografía

lengua (f)	언어	eon-eo
estudiar (vt)	공부하다	gong-bu-ha-da
pronunciación (f)	발음	ba-reum
acento (m)	악센트	ak-sen-teu
sustantivo (m)	명사	myeong-sa
adjetivo (m)	형용사	hyeong-yong-sa
verbo (m)	동사	dong-sa
adverbio (m)	부사	bu-sa
pronombre (m)	대명사	dae-myeong-sa

interjección (f)	감탄사	gam-tan-sa
preposición (f)	전치사	jeon-chi-sa
raíz (f), radical (m)	어근	eo-geun
desinencia (f)	어미	eo-mi
prefijo (m)	접두사	jeop-du-sa
sílaba (f)	음절	eum-jeol
sufijo (m)	접미사	jeom-mi-sa
acento (m)	강세	gang-se
punto (m)	마침표	ma-chim-pyo
coma (f)	쉼표	swim-pyo
dos puntos (m pl)	콜론	kol-lon
puntos (m pl) suspensivos	말줄임표	mal-ju-rim-pyo
pregunta (f)	질문	jil-mun
signo (m) de interrogación	물음표	mu-reum-pyo
signo (m) de admiración	느낌표	neu-kkim-pyo
entre comillas	따옴표 안에	tta-om-pyo a-ne
entre paréntesis	괄호 속에	gwal-ho so-ge
letra (f)	글자	geul-ja
letra (f) mayúscula	대문자	dae-mun-ja
oración (f)	문장	mun-jang
combinación (f) de palabras	문구	mun-gu
expresión (f)	표현	pyo-hyeon
sujeto (m)	주어	ju-eo
predicado (m)	서술어	seo-su-reo
línea (f)	줄	jul
párrafo (m)	단락	dal-lak
sinónimo (m)	동의어	dong-ui-eo
antónimo (m)	반의어	ban-ui-eo
excepción (f)	예외	ye-oe
subrayar (vt)	밑줄을 긋다	mit-ju-reul geut-da
reglas (f pl)	규칙	gyu-chik
gramática (f)	문법	mun-beop
vocabulario (m)	어휘	eo-hwi
fonética (f)	음성학	eum-seong-hak
alfabeto (m)	알파벳	al-pa-bet
manual (m)	교과서	gyo-gwa-seo
diccionario (m)	사전	sa-jeon
guía (f) de conversación	회화집	hoe-hwa-jip
palabra (f)	단어	dan-eo
significado (m)	의미	ui-mi
memoria (f)	기억력	gi-eong-nyeok

18. La Tierra. La geografía

Tierra (f)	지구	ji-gu
globo (m) terrestre	지구	ji-gu
planeta (m)	행성	haeng-seong
geografía (f)	지리학	ji-ri-hak
naturaleza (f)	자연	ja-yeon
mapa (m)	지도	ji-do
atlas (m)	지도첩	ji-do-cheop
en el norte	북쪽에	buk-jjo-ge
en el sur	남쪽에	nam-jjo-ge
en el oeste	서쪽에	seo-jjo-ge
en el este	동쪽에	dong-jjo-ge
mar (m)	바다	ba-da
océano (m)	대양	dae-yang
golfo (m)	만	man
estrecho (m)	해협	hae-hyeop
continente (m)	대륙	dae-ryuk
isla (f)	섬	seom
península (f)	반도	ban-do
archipiélago (m)	군도	gun-do
puerto (m)	항구	hang-gu
arrecife (m) de coral	산호초	san-ho-cho
orilla (f)	해변	hae-byeon
costa (f)	바닷가	ba-dat-ga
flujo (m)	밀물	mil-mul
reflujo (m)	썰물	sseol-mul
latitud (f)	위도	wi-do
longitud (f)	경도	gyeong-do
paralelo (m)	위도선	wi-do-seon
ecuador (m)	적도	jeok-do
cielo (m)	하늘	ha-neul
horizonte (m)	수평선	su-pyeong-seon
atmósfera (f)	대기	dae-gi
montaña (f)	산	san
cima (f)	정상	jeong-sang
roca (f)	절벽	jeol-byeok
colina (f)	언덕, 작은 산	eon-deok, ja-geun san
volcán (m)	화산	hwa-san
glaciar (m)	빙하	bing-ha
cascada (f)	폭포	pok-po

llanura (f)	평원	pyeong-won
río (m)	강	gang
manantial (m)	샘	saem
ribera (f)	둑	duk
río abajo (adv)	하류로	gang ha-ryu-ro
río arriba (adv)	상류로	sang-nyu-ro
lago (m)	호수	ho-su
presa (f)	댐	daem
canal (m)	운하	un-ha
pantano (m)	늪, 소택지	neup, so-taek-ji
hielo (m)	얼음	eo-reum

19. Los países. Unidad 1

Europa (f)	유럽	yu-reop
Unión (f) Europea	유럽 연합	yu-reop byeon-hap
europeo (m)	유럽 사람	yu-reop sa-ram
europeo (adj)	유럽의	yu-reo-bui
Austria (f)	오스트리아	o-seu-teu-ri-a
Gran Bretaña (f)	영국	yeong-guk
Inglaterra (f)	잉글랜드	ing-geul-laen-deu
Bélgica (f)	벨기에	bel-gi-e
Alemania (f)	독일	do-gil
Países Bajos (m pl)	네덜란드	ne-deol-lan-deu
Holanda (f)	네덜란드	ne-deol-lan-deu
Grecia (f)	그리스	geu-ri-seu
Dinamarca (f)	덴마크	den-ma-keu
Irlanda (f)	아일랜드	a-il-laen-deu
Islandia (f)	아이슬란드	a-i-seul-lan-deu
España (f)	스페인	seu-pe-in
Italia (f)	이탈리아	i-tal-li-a
Chipre (m)	키프로스	ki-peu-ro-seu
Malta (f)	몰타	mol-ta
Noruega (f)	노르웨이	no-reu-we-i
Portugal (f)	포르투갈	po-reu-tu-gal
Finlandia (f)	핀란드	pil-lan-deu
Francia (f)	프랑스	peu-rang-seu
Suecia (f)	스웨덴	seu-we-den
Suiza (f)	스위스	seu-wi-seu
Escocia (f)	스코틀랜드	seu-ko-teul-laen-deu
Vaticano (m)	바티칸	ba-ti-kan
Liechtenstein (m)	리히텐슈타인	ri-hi-ten-syu-ta-in
Luxemburgo (m)	룩셈부르크	ruk-sem-bu-reu-keu
Mónaco (m)	모나코	mo-na-ko

Albania (f)	알바니아	al-ba-ni-a
Bulgaria (f)	불가리아	bul-ga-ri-a
Hungría (f)	헝가리	heong-ga-ri
Letonia (f)	라트비아	ra-teu-bi-a
Lituania (f)	리투아니아	ri-tu-a-ni-a
Polonia (f)	폴란드	pol-lan-deu
Rumania (f)	루마니아	ru-ma-ni-a
Serbia (f)	세르비아	se-reu-bi-a
Eslovaquia (f)	슬로바키아	seul-lo-ba-ki-a
Croacia (f)	크로아티아	keu-ro-a-ti-a
Chequia (f)	체코	che-ko
Estonia (f)	에스토니아	e-seu-to-ni-a
Bosnia y Herzegovina	보스니아 헤르체코비나	bo-seu-ni-a he-reu-che-ko-bi-na
Macedonia	마케도니아	ma-ke-do-ni-a
Eslovenia	슬로베니아	seul-lo-be-ni-a
Montenegro (m)	몬테네그로	mon-te-ne-geu-ro
Bielorrusia (f)	벨로루시	bel-lo-ru-si
Moldavia (f)	몰도바	mol-do-ba
Rusia (f)	러시아	reo-si-a
Ucrania (f)	우크라이나	u-keu-ra-i-na

20. Los países. Unidad 2

Asia (f)	아시아	a-si-a
Vietnam (m)	베트남	be-teu-nam
India (f)	인도	in-do
Israel (m)	이스라엘	i-seu-ra-el
China (f)	중국	jung-guk
Líbano (m)	레바논	re-ba-non
Mongolia (f)	몽골	mong-gol
Malasia (f)	말레이시아	mal-le-i-si-a
Pakistán (m)	파키스탄	pa-ki-seu-tan
Arabia (f) Saudita	사우디아라비아	sa-u-di-a-ra-bi-a
Tailandia (f)	태국	tae-guk
Taiwán (m)	대만	dae-man
Turquía (f)	터키	teo-ki
Japón (m)	일본	il-bon
Afganistán (m)	아프가니스탄	a-peu-ga-ni-seu-tan
Bangladesh (m)	방글라데시	bang-geul-la-de-si
Indonesia (f)	인도네시아	in-do-ne-si-a
Jordania (f)	요르단	yo-reu-dan
Irak (m)	이라크	i-ra-keu
Irán (m)	이란	i-ran

Camboya (f)	캄보디아	kam-bo-di-a
Kuwait (m)	쿠웨이트	ku-we-i-teu
Laos (m)	라오스	ra-o-seu
Myanmar (m)	미얀마	mi-yan-ma
Nepal (m)	네팔	ne-pal
Emiratos (m pl) Árabes Unidos	아랍에미리트	a-ra-be-mi-ri-teu
Siria (f)	시리아	si-ri-a
Palestina (f)	팔레스타인	pal-le-seu-ta-in
Corea (f) del Sur	한국	han-guk
Corea (f) del Norte	북한	buk-an
Estados Unidos de América (m pl)	미국	mi-guk
Canadá (f)	캐나다	kae-na-da
Méjico (m)	멕시코	mek-si-ko
Argentina (f)	아르헨티나	a-reu-hen-ti-na
Brasil (f)	브라질	beu-ra-jil
Colombia (f)	콜롬비아	kol-lom-bi-a
Cuba (f)	쿠바	ku-ba
Chile (m)	칠레	chil-le
Venezuela (f)	베네수엘라	be-ne-su-el-la
Ecuador (m)	에콰도르	e-kwa-do-reu
Islas (f pl) Bahamas	바하마	ba-ha-ma
Panamá (f)	파나마	pa-na-ma
Egipto (m)	이집트	i-jip-teu
Marruecos (m)	모로코	mo-ro-ko
Túnez (m)	튀니지	twi-ni-ji
Kenia (f)	케냐	ke-nya
Libia (f)	리비아	ri-bi-a
República (f) Sudafricana	남아프리카 공화국	nam-a-peu-ri-ka gong-hwa-guk
Australia (f)	호주	ho-ju
Nueva Zelanda (f)	뉴질랜드	nyu-jil-laen-deu

21. El tiempo. Los desastres naturales

tiempo (m)	날씨	nal-ssi
previsión (m) del tiempo	일기 예보	il-gi ye-bo
temperatura (f)	온도	on-do
termómetro (m)	온도계	on-do-gye
barómetro (m)	기압계	gi-ap-gye
sol (m)	해	hae
brillar (vi)	빛나다	bin-na-da
soleado (un día ~)	화창한	hwa-chang-han

elevarse (el sol)	뜨다	tteu-da
ponerse (vr)	지다	ji-da
lluvia (f)	비	bi
está lloviendo	비가 오다	bi-ga o-da
aguacero (m)	억수	eok-su
charco (m)	웅덩이	ung-deong-i
mojarse (vr)	젖다	jeot-da
tormenta (f)	뇌우	noe-u
relámpago (m)	번개	beon-gae
relampaguear (vi)	번쩍이다	beon-jjeo-gi-da
trueno (m)	천둥	cheon-dung
está tronando	천둥이 치다	cheon-dung-i chi-da
granizo (m)	싸락눈	ssa-rang-nun
está granizando	싸락눈이 내리다	ssa-rang-nun-i nae-ri-da
bochorno (m)	더위	deo-wi
hace mucho calor	덥다	deop-da
hace calor (templado)	따뜻하다	tta-tteu-ta-da
hace frío	춥다	chup-da
niebla (f)	안개	an-gae
nebuloso (adj)	안개가 자욱한	an-gae-ga ja-uk-an
nube (f)	구름	gu-reum
nuboso (adj)	구름의	gu-reum-ui
humedad (f)	습함, 습기	seu-pam, seup-gi
nieve (f)	눈	nun
está nevando	눈이 오다	nun-i o-da
helada (f)	지독한 서리	ji-dok-an seo-ri
bajo cero (adv)	영하	yeong-ha
escarcha (f)	서리	seo-ri
catástrofe (f)	재해	jae-hae
inundación (f)	홍수	hong-su
avalancha (f)	눈사태	nun-sa-tae
terremoto (m)	지진	ji-jin
sacudida (f)	진동	jin-dong
epicentro (m)	진앙	jin-ang
erupción (f)	폭발	pok-bal
lava (f)	용암	yong-am
tornado (m)	토네이도	to-ne-i-do
torbellino (m)	회오리바람	hoe-o-ri-ba-ram
huracán (m)	허리케인	heo-ri-ke-in
tsunami (m)	해일	hae-il

22. Los animales. Unidad 1

animal (m)	동물	dong-mul
carnívoro (m)	육식 동물	yuk-sik dong-mul
tigre (m)	호랑이	ho-rang-i
león (m)	사자	sa-ja
lobo (m)	이리	i-ri
zorro (m)	여우	yeo-u
jaguar (m)	재규어	jae-gyu-eo
lince (m)	스라소니	seu-ra-so-ni
coyote (m)	코요테	ko-yo-te
chacal (m)	재칼	jae-kal
hiena (f)	하이에나	ha-i-e-na
ardilla (f)	다람쥐	da-ram-jwi
erizo (m)	고슴도치	go-seum-do-chi
conejo (m)	굴토끼	gul-to-kki
mapache (m)	너구리	neo-gu-ri
hámster (m)	햄스터	haem-seu-teo
topo (m)	두더지	du-deo-ji
ratón (m)	생쥐	saeng-jwi
rata (f)	시궁쥐	si-gung-jwi
murciélago (m)	박쥐	bak-jwi
castor (m)	비버	bi-beo
caballo (m)	말	mal
ciervo (m)	사슴	sa-seum
camello (m)	낙타	nak-ta
cebra (f)	얼룩말	eol-lung-mal
ballena (f)	고래	go-rae
foca (f)	바다표범	ba-da-pyo-beom
morsa (f)	바다코끼리	ba-da-ko-kki-ri
delfín (m)	돌고래	dol-go-rae
oso (m)	곰	gom
mono (m)	원숭이	won-sung-i
elefante (m)	코끼리	ko-kki-ri
rinoceronte (m)	코뿔소	ko-ppul-so
jirafa (f)	기린	gi-rin
hipopótamo (m)	하마	ha-ma
canguro (m)	캥거루	kaeng-geo-ru
gata (f)	고양이	go-yang-i
vaca (f)	암소	am-so
toro (m)	황소	hwang-so
oveja (f)	양, 암양	yang, a-myang

cabra (f)	염소	yeom-so
asno (m)	당나귀	dang-na-gwi
cerdo (m)	돼지	dwae-ji
gallina (f)	암탉	am-tak
gallo (m)	수탉	su-tak
pato (m)	집오리	ji-bo-ri
ganso (m)	집거위	jip-geo-wi
pava (f)	칠면조	chil-myeon-jo
perro (m) pastor	양치기 개	yang-chi-gi gae

23. Los animales. Unidad 2

pájaro (m)	새	sae
paloma (f)	비둘기	bi-dul-gi
gorrión (m)	참새	cham-sae
paro (m)	박새	bak-sae
cotorra (f)	까치	kka-chi
águila (f)	독수리	dok-su-ri
azor (m)	매	mae
halcón (m)	매	mae
cisne (m)	백조	baek-jo
grulla (f)	두루미	du-ru-mi
cigüeña (f)	황새	hwang-sae
loro (m), papagayo (m)	앵무새	aeng-mu-sae
pavo (m) real	공작	gong-jak
avestruz (m)	타조	ta-jo
garza (f)	왜가리	wae-ga-ri
ruiseñor (m)	나이팅게일	na-i-ting-ge-il
golondrina (f)	제비	je-bi
pico (m)	딱따구리	ttak-tta-gu-ri
cuco (m)	뻐꾸기	ppeo-kku-gi
lechuza (f)	올빼미	ol-ppae-mi
pingüino (m)	펭귄	peng-gwin
atún (m)	참치	cham-chi
trucha (f)	송어	song-eo
anguila (f)	뱀장어	baem-jang-eo
tiburón (m)	상어	sang-eo
centolla (f)	게	ge
medusa (f)	해파리	hae-pa-ri
pulpo (m)	낙지	nak-ji
estrella (f) de mar	불가사리	bul-ga-sa-ri
erizo (m) de mar	성게	seong-ge
caballito (m) de mar	해마	hae-ma

camarón (m)	새우	sae-u
serpiente (f)	뱀	baem
víbora (f)	살무사	sal-mu-sa
lagarto (f)	도마뱀	do-ma-baem
iguana (f)	이구아나	i-gu-a-na
camaleón (m)	카멜레온	ka-mel-le-on
escorpión (m)	전갈	jeon-gal
tortuga (f)	거북	geo-buk
rana (f)	개구리	gae-gu-ri
cocodrilo (m)	악어	a-geo
insecto (m)	곤충	gon-chung
mariposa (f)	나비	na-bi
hormiga (f)	개미	gae-mi
mosca (f)	파리	pa-ri
mosquito (m) (picadura de ~)	모기	mo-gi
escarabajo (m)	딱정벌레	ttak-jeong-beol-le
abeja (f)	꿀벌	kkul-beol
araña (f)	거미	geo-mi
mariquita (f)	무당벌레	mu-dang-beol-le

24. Los árboles. Las plantas

árbol (m)	나무	na-mu
abedul (m)	자작나무	ja-jang-na-mu
roble (m)	오크	o-keu
tilo (m)	보리수	bo-ri-su
pobo (m)	사시나무	sa-si-na-mu
arce (m)	단풍나무	dan-pung-na-mu
picea (m)	가문비나무	ga-mun-bi-na-mu
pino (m)	소나무	so-na-mu
cedro (m)	시다	si-da
álamo (m)	포플러	po-peul-leo
serbal (m)	마가목	ma-ga-mok
haya (f)	너도밤나무	neo-do-bam-na-mu
olmo (m)	느릅나무	neu-reum-na-mu
fresno (m)	물푸레나무	mul-pu-re-na-mu
castaño (m)	밤나무	bam-na-mu
palmera (f)	야자나무	ya-ja-na-mu
mata (f)	덤불	deom-bul
seta (f)	버섯	beo-seot
seta (f) venenosa	독버섯	dok-beo-seot
rúsula (f)	무당버섯	mu-dang-beo-seot
matamoscas (m)	광대버섯	gwang-dae-beo-seot

oronja (f) verde	알광대버섯	al-gwang-dae-beo-seot
flor (f)	꽃	kkot
ramo (m) de flores	꽃다발	kkot-da-bal
rosa (f)	장미	jang-mi
tulipán (m)	튤립	tyul-lip
clavel (m)	카네이션	ka-ne-i-syeon
manzanilla (f)	캐모마일	kae-mo-ma-il
cacto (m)	선인장	seon-in-jang
muguete (m)	은방울꽃	eun-bang-ul-kkot
campanilla (f) de las nieves	스노드롭	seu-no-deu-rop
nenúfar (m)	수련	su-ryeon
invernadero (m) tropical	온실	on-sil
césped (m)	잔디	jan-di
macizo (m) de flores	꽃밭	kkot-bat
planta (f)	식물	sing-mul
hierba (f)	풀	pul
hoja (f)	잎	ip
pétalo (m)	꽃잎	kko-chip
tallo (m)	줄기	jul-gi
retoño (m)	새싹	sae-ssak
cereales (m pl) (plantas)	곡류	gong-nyu
trigo (m)	밀	mil
centeno (m)	호밀	ho-mil
avena (f)	귀리	gwi-ri
mijo (m)	수수, 기장	su-su, gi-jang
cebada (f)	보리	bo-ri
maíz (m)	옥수수	ok-su-su
arroz (m)	쌀	ssal

25. Varias palabras útiles

alto (m) (descanso)	정지	jeong-ji
ayuda (f)	도움	do-um
balance (m)	균형	gyun-hyeong
base (f) (~ científica)	근거	geun-geo
categoría (f)	범주	beom-ju
coincidencia (f)	우연	u-yeon
comienzo (m) (principio)	시작	si-jak
comparación (f)	비교	bi-gyo
desarrollo (m)	개발	gae-bal
diferencia (f)	다름	da-reum
efecto (m)	효과	hyo-gwa
ejemplo (m)	예	ye

elección (f)	선택	seon-taek
elemento (m)	요소	yo-so
error (m)	실수	sil-su

esfuerzo (m)	노력	no-ryeok
estándar (adj)	기준의	gi-jun-ui
estilo (m)	스타일	seu-ta-il
forma (f) (contorno)	모양	mo-yang

grado (m) (en mayor ~)	정도	jeong-do
hecho (m)	사실	sa-sil
ideal (m)	이상	i-sang
modo (m) (de otro ~)	방법	bang-beop
momento (m)	순간	sun-gan

obstáculo (m)	장애	jang-ae
parte (f)	부분	bu-bun
pausa (f)	휴식	hyu-sik
posición (f)	위치	wi-chi
problema (m)	문제	mun-je

proceso (m)	과정	gwa-jeong
progreso (m)	진척	jin-cheok
propiedad (f) (cualidad)	특질	teuk-jil
reacción (f)	반응	ba-neung
riesgo (m)	위험	wi-heom

secreto (m)	비밀	bi-mil
serie (f)	일련	il-lyeon
sistema (m)	체계	che-gye
situación (f)	상황	sang-hwang
solución (f)	해결	hae-gyeol

tabla (f) (~ de multiplicar)	표	pyo
tempo (m) (ritmo)	완급	wan-geup
término (m)	용어	yong-eo
tipo (m) (~ de deportes)	종류	jong-nyu
turno (m) (esperar su ~)	차례	cha-rye

urgente (adj)	긴급한	gin-geu-pan
utilidad (f)	유용성	yu-yong-seong
variante (f)	변종	byeon-jong
verdad (f)	진리	jil-li
zona (f)	지대	ji-dae

26. Los adjetivos. Unidad 1

abierto (adj)	열린	yeol-lin
adicional (adj)	추가의	chu-ga-ui
agrio (sabor ~)	시큼한	si-keum-han

agudo (adj)	날카로운	nal-ka-ro-un
amargo (adj)	쓴	sseun
amplio (~a habitación)	넓은	neol-beun
antiguo (adj)	고대의	go-dae-ui
arriesgado (adj)	위험한	wi-heom-han
artificial (adj)	인공의	in-gong-ui
azucarado (adj)	단	dan
bajo (voz ~a)	낮은	na-jeun
bello (hermoso)	아름다운	a-reum-da-un
blando (adj)	부드러운	bu-deu-reo-un
bronceado (adj)	햇볕에 탄	haet-byeo-te tan
central (adj)	중앙의	jung-ang-ui
ciego (adj)	눈먼	nun-meon
clandestino (adj)	은밀한	eun-mil-han
compatible (adj)	호환이 되는	ho-hwan-i doe-neun
congelado (pescado ~)	언	naeng-dong-doen
contento (adj)	만족한	man-jok-an
continuo (adj)	장기적인	jang-gi-jeo-gin
cortés (adj)	공손한	gong-son-han
corto (adj)	짧은	jjal-beun
crudo (huevos ~s)	날것의	nal-geos-ui
de segunda mano	중고의	jung-go-ui
denso (~a niebla)	밀집한	mil-ji-pan
derecho (adj)	오른쪽의	o-reun-jjo-gui
difícil (decisión)	어려운	eo-ryeo-un
dulce (agua ~)	민물의	min-mu-rui
duro (material, etc.)	단단한	dan-dan-han
enfermo (adj)	병든	byeong-deun
enorme (adj)	거대한	geo-dae-han
especial (adj)	특별한	teuk-byeol-han
estrecho (calle, etc.)	좁은	jo-beun
exacto (adj)	정확한	jeong-hwak-an
excelente (adj)	우수한	u-su-han
excesivo (adj)	과도한	gwa-do-han
exterior (adj)	외부의	oe-bu-ui
fácil (adj)	쉬운	swi-un
feliz (adj)	행복한	haeng-bok-an
fértil (la tierra ~)	비옥한	bi-ok-an
frágil (florero, etc.)	깨지기 쉬운	kkae-ji-gi swi-un
fuerte (~ voz)	시끄러운	si-kkeu-reo-un
fuerte (adj)	강한	gang-han
grande (en dimensiones)	큰	keun
gratis (adj)	무료의	mu-ryo-ui
importante (adj)	중요한	jung-yo-han

infantil (adj)	어린이의	eo-ri-ni-ui
inmóvil (adj)	동요되지 않는	dong-yo-doe-ji an-neun
inteligente (adj)	영리한	yeong-ni-han
interior (adj)	내부의	nae-bu-ui
izquierdo (adj)	왼쪽의	oen-jjo-gui

27. Los adjetivos. Unidad 2

largo (camino)	긴	gin
legal (adj)	합법적인	hap-beop-jeo-gin
ligero (un metal ~)	가벼운	ga-byeo-un
limpio (camisa ~)	깨끗한	kkae-kkeu-tan
líquido (adj)	액체의	aek-che-ui
liso (piel, pelo, etc.)	매끈한	mae-kkeun-han
lleno (adj)	가득 찬	ga-deuk chan
maduro (fruto, etc.)	익은	i-geun
malo (adj)	나쁜	na-ppeun
mate (sin brillo)	무광의	mu-gwang-ui
misterioso (adj)	신비한	sin-bi-han
muerto (adj)	죽은	ju-geun
natal (país ~)	태어난 곳의	tae-eo-nan gos-ui
negativo (adj)	부정적인	bu-jeong-jeo-gin
no difícil (adj)	힘들지 않은	him-deul-ji a-neun
normal (adj)	평범한	pyeong-beom-han
nuevo (adj)	새로운	sae-ro-un
obligatorio (adj)	의무적인	ui-mu-jeo-gin
opuesto (adj)	반대의	ban-dae-ui
ordinario (adj)	보통의	bo-tong-ui
original (inusual)	독창적인	dok-chang-jeo-gin
peligroso (adj)	위험한	wi-heom-han
pequeño (adj)	작은	ja-geun
perfecto (adj)	우수한, 완벽한	u-su-han, wan-byeok-an
personal (adj)	개인의	gae-in-ui
pobre (adj)	가난한	ga-nan-han
poco claro (adj)	불분명한	bul-bun-myeong-han
poco profundo (adj)	얕은	ya-teun
posible (adj)	가능한	ga-neung-han
principal (~ idea)	주요한	ju-yo-han
principal (la entrada ~)	주요한	ju-yo-han
probable (adj)	개연성 있는	gae-yeon-seong in-neun
público (adj)	공공의	gong-gong-ui
rápido (adj)	빠른	ppa-reun
raro (adj)	드문	deu-mun
recto (línea ~a)	곧은	go-deun

sabroso (adj)	맛있는	man-nin-neun
siguiente (avión, etc.)	다음의	da-eum-ui
similar (adj)	비슷한	bi-seu-tan
sólido (~a pared)	튼튼한	teun-teun-han
sucio (no limpio)	더러운	deo-reo-un
tonto (adj)	미련한	mi-ryeon-han
triste (mirada ~)	슬픈	seul-peun
último (~a oportunidad)	마지막의	ma-ji-ma-gui
último (~a vez)	지난	ji-nan
vacío (vaso medio ~)	빈	bin
viejo (casa ~a)	오래된	o-rae-doen

28. Los verbos. Unidad 1

abrir (vt)	열다	yeol-da
acabar, terminar (vt)	끝내다	kkeun-nae-da
acusar (vt)	비난하다	bi-nan-ha-da
agradecer (vt)	감사하다	gam-sa-ha-da
almorzar (vi)	점심을 먹다	jeom-si-meul meok-da
alquilar (~ una casa)	임대하다	im-dae-ha-da
anular (vt)	취소하다	chwi-so-ha-da
anunciar (vt)	알리다	al-li-da
apagar (vt)	끄다	kkeu-da
autorizar (vt)	허락하다	heo-rak-a-da
ayudar (vt)	도와주다	do-wa-ju-da
bailar (vi, vt)	춤추다	chum-chu-da
beber (vi, vt)	마시다	ma-si-da
borrar (vt)	삭제하다	sak-je-ha-da
bromear (vi)	농담하다	nong-dam-ha-da
bucear (vi)	잠수하다	jam-su-ha-da
caer (vi)	떨어지다	tteo-reo-ji-da
cambiar (vt)	바꾸다	ba-kku-da
cantar (vi)	노래하다	no-rae-ha-da
cavar (vt)	파다	pa-da
cazar (vi, vt)	사냥하다	sa-nyang-ha-da
cenar (vi)	저녁을 먹다	jeo-nyeo-geul meok-da
cerrar (vt)	닫다	dat-da
cesar (vt)	그만두다	geu-man-du-da
coger (vt)	잡다	jap-da
comenzar (vt)	시작하다	si-jak-a-da
comer (vi, vt)	먹다	meok-da
comparar (vt)	비교하다	bi-gyo-ha-da
comprar (vt)	사다	sa-da
comprender (vt)	이해하다	i-hae-ha-da

confiar (vt)	신뢰하다	sil-loe-ha-da
confirmar (vt)	확인해 주다	hwa-gin-hae ju-da
conocer (~ a alguien)	알다	al-da
construir (vt)	건설하다	geon-seol-ha-da
contar (una historia)	이야기하다	i-ya-gi-ha-da
contar (vt) (enumerar)	세다	se-da
contar con …	… 에 의지하다	… e ui-ji-ha-da
copiar (vt)	복사하다	bok-sa-ha-da
correr (vi)	달리다	dal-li-da
costar (vt)	값이 … 이다	gap-si … i-da
crear (vt)	창조하다	chang-jo-ha-da
creer (en Dios)	믿다	mit-da
dar (vt)	주다	ju-da
decidir (vt)	결심하다	gyeol-sim-ha-da
decir (vt)	말하다	mal-ha-da
dejar caer	떨어뜨리다	tteo-reo-tteu-ri-da
depender de …	… 을 신뢰하다	… seul sil-loe-ha-da
desaparecer (vi)	사라지다	sa-ra-ji-da
desayunar (vi)	아침을 먹다	a-chi-meul meok-da
despreciar (vt)	경멸하다	gyeong-myeol-ha-da
disculpar (vt)	용서하다	yong-seo-ha-da
disculparse (vr)	사과하다	sa-gwa-ha-da
discutir (vt)	의논하다	ui-non-ha-da
divorciarse (vr)	이혼하다	i-hon-ha-da
dudar (vt)	의심하다	ui-sim-ha-da

29. Los verbos. Unidad 2

encender (vt)	켜다	kyeo-da
encontrar (hallar)	찾다	chat-da
encontrarse (vr)	만나다	man-na-da
engañar (vi, vt)	속이다	so-gi-da
enviar (vt)	보내다	bo-nae-da
equivocarse (vr)	실수하다	sil-su-ha-da
escoger (vt)	선택하다	seon-taek-a-da
esconder (vt)	숨기다	sum-gi-da
escribir (vt)	쓰다	sseu-da
esperar (aguardar)	기다리다	gi-da-ri-da
esperar (tener esperanza)	희망하다	hui-mang-ha-da
estar ausente	결석하다	gyeol-seok-a-da
estar cansado	피곤하다	pi-gon-ha-da
estar de acuerdo	동의하다	dong-ui-ha-da
estudiar (vt)	공부하다	gong-bu-ha-da
exigir (vt)	요구하다	yo-gu-ha-da

existir (vi)	존재하다	jon-jae-ha-da
explicar (vt)	설명하다	seol-myeong-ha-da
faltar (a las clases)	결석하다	gyeol-seok-a-da
felicitar (vt)	축하하다	chuk-a-ha-da
firmar (~ el contrato)	서명하다	seo-myeong-ha-da
girar (~ a la izquierda)	돌다	dol-da
gritar (vi)	소리치다	so-ri-chi-da
guardar (conservar)	보관하다	bo-gwan-ha-da
gustar (vi)	좋아하다	jo-a-ha-da
hablar (vi, vt)	말하다	mal-ha-da
hablar con ...	… 와 말하다	… wa mal-ha-da
hacer (vt)	하다	ha-da
hacer la limpieza	청소하다	cheong-so-ha-da
insistir (vi)	주장하다	ju-jang-ha-da
insultar (vt)	모욕하다	mo-yok-a-da
invitar (vt)	초대하다	cho-dae-ha-da
ir (a pie)	가다	ga-da
jugar (divertirse)	놀다	nol-da
leer (vi, vt)	읽다	ik-da
llegar (vi)	도착하다	do-chak-a-da
llorar (vi)	울다	ul-da
matar (vt)	죽이다	ju-gi-da
mirar a ...	… 를 보다	… reul bo-da
molestar (vt)	방해하다	bang-hae-ha-da
morir (vi)	죽다	juk-da
mostrar (vt)	보여주다	bo-yeo-ju-da
nacer (vi)	태어나다	tae-eo-na-da
nadar (vi)	수영하다	su-yeong-ha-da
negar (vt)	거부하다	geo-bu-ha-da
obedecer (vi, vt)	복종하다	bok-jong-ha-da
odiar (vt)	증오하다	jeung-o-ha-da
oír (vt)	듣다	deut-da
olvidar (vt)	잊다	it-da
orar (vi)	기도하다	gi-do-ha-da

30. Los verbos. Unidad 3

pagar (vi, vt)	지불하다	ji-bul-ha-da
participar (vi)	참가하다	cham-ga-ha-da
pegar (golpear)	때리다	ttae-ri-da
pelear (vi)	싸우다	ssa-u-da
pensar (vi, vt)	생각하다	saeng-gak-a-da
perder (paraguas, etc.)	잃어버리다	i-reo-beo-ri-da
perdonar (vt)	용서하다	yong-seo-ha-da
pertenecer a ...	… 에 속하다	… e sok-a-da

poder (v aux)	할 수 있다	hal su it-da
poder (v aux)	할 수 있다	hal su it-da
preguntar (vt)	묻다	mut-da
preparar (la cena)	요리하다	yo-ri-ha-da
prever (vt)	예상하다	ye-sang-ha-da
probar (vt)	증명하다	jeung-myeong-ha-da
prohibir (vt)	금지하다	geum-ji-ha-da
prometer (vt)	약속하다	yak-sok-a-da
proponer (vt)	제안하다	je-an-ha-da
quebrar (vt)	깨뜨리다	kkae-tteu-ri-da
quejarse (vr)	불평하다	bul-pyeong-ha-da
querer (amar)	사랑하다	sa-rang-ha-da
querer (desear)	원하다	won-ha-da
recibir (vt)	받다	bat-da
repetir (vt)	반복하다	ban-bok-a-da
reservar (~ una mesa)	예약하다	ye-yak-a-da
responder (vi, vt)	대답하다	dae-da-pa-da
robar (vt)	훔치다	hum-chi-da
saber (~ algo mas)	알다	al-da
salvar (vt)	구조하다	gu-jo-ha-da
secar (ropa, pelo)	말리다	mal-li-da
sentarse (vr)	앉다	an-da
sonreír (vi)	미소를 짓다	mi-so-reul jit-da
tener (vt)	가지다	ga-ji-da
tener miedo	무서워하다	mu-seo-wo-ha-da
tener prisa	서두르다	seo-du-reu-da
tener prisa	서두르다	seo-du-reu-da
terminar (vt)	끝내다	kkeun-nae-da
tirar, disparar (vi)	쏘다	sso-da
tomar (vt)	잡다	jap-da
trabajar (vi)	일하다	il-ha-da
traducir (vt)	번역하다	beo-nyeok-a-da
tratar (de hacer algo)	해보다	hae-bo-da
vender (vt)	팔다	pal-da
ver (vt)	보다	bo-da
verificar (vt)	확인하다	hwa-gin-ha-da
volar (pájaro, avión)	날다	nal-da